BIBLIOGRAPHIE GÉNÉRALE

DES

PETITS-FORMATS

DITS CAZINS

★

MANUEL DU CAZINOPHILE

LE

PETIT - FORMAT

A FIGURES

COLLECTION PARISIENNE IN-18

(VRAIE COLLECTION DE CAZIN)

PARIS

A. CORROËNNE, ÉDITEUR

76, RUE DU RENDEZ-VOUS, 76

M . DCCC . LXXVIII

PREMIÈRE ÉTUDE

I

INTRODUCTION

Un nouvel ouvrage bibliographique embrassant tous les petits formats in-18 et in-24 publiés sur la fin du dix-huitième siècle, et principalement toute l'édition parisienne dite collection Cazin, peut-il être encore nécessaire ou de quelque utilité après la compilation que le libraire Brissart-Binet a publiée avec préface et notice biographique? N'est-ce pas un petit manuel bien complet que cette nomenclature étendue ayant pour titre :

Manuel
DES
PETITS
FORMATS

Cazin, sa vie et ses éditions, par un Cazinophile ; et, pour épigraphe : *Remus sum, et nil remense a me alienum puto.* Cazinopolis, M.D.CCC.LXIII. Un volume in-18 qui vient d'avoir un nouveau tirage avec cette mention ajoutée au titre : Réimpression de l'édition de 1863 ?

Et le catalogue général détaillé dans cette édition, pages 49 à 161, est-il encore insuffisant pour l'amateur de ces petits formats qu'il est si difficile aujourd'hui de réunir reliés uniformément, et parmi lesquels on tolère assez souvent quelques faux Cazins qui se sont trouvés, grâce à leur reliure assortie, introduits dans des collections incomplètes qui deviennent elles-mêmes de plus en plus rares ?

Il semble, au premier abord, qu'en suivant l'indication chronologique établie dans cette nomenclature, il n'est plus permis d'hésiter entre le rejet ou l'admission d'un volume ; que l'erreur est devenue impossible avec ce détail des productions de Cazin ; et que tout est dit après ce classement qui détrompe, au moindre examen, par son agglomération d'éditions disparates de collections si différentes.

La plus légère analyse laisserait facilement apercevoir, dans cette réunion mal assortie de publications sans corrélation entre elles, un petit chaos superficiellement éclairci, où tous les ouvrages de l'édition de Lyon, que tant de catalogues recommandent de ne pas confondre avec celle imprimée à Paris, sont mêlés comme à plaisir, avec bien d'autres volumes en petit format portant une date similaire, amplement détaillés dans une sorte de fouillis, pour ainsi dire, à seule fin de grossir outre mesure le total réel des ouvrages de la collection.

Mais cette nomenclature faussée et forcée aurait son excuse au point de vue du compatriotisme, si elle n'était tout à fait hors de propos dans une bibliographie exacte et sérieuse, ou du moins paraissant telle; et si le personnage exclusivement mercantile, objet de cette publication, et dont l'auteur-éditeur remarque que c'est en vain qu'il a cherché le portrait dans la collection des estampes de la Bibliothèque, était quelque peu à la hauteur de ce piédestal sur lequel l'ouvrage d'un compatriote inconscient tend à le monter.

La célèbre collection, dont à sa création Cazin n'était qu'un des collaborateurs, ne peut que gagner à l'élimination de tant d'éditions, d'ouvrages et de volumes n'en ayant jamais fait partie, excepté peut-être dans les rêves du bibliographe ultra-cazinophile qui les lui attribue aveuglément, sans la moindre raison, ne pouvant guère les confondre avec ces productions choisies, indiquées au fur et à mesure de leur publication, aux catalogues divisés, dans l'étude qui termine cette première partie, en cinq ou six séries distinctes.

Ces catalogues, que l'on retrouve avec les ouvrages mentionnés, parfois intégrants, souvent spéciaux et plus généralement indépendants, soit au commencement, soit à la fin du volume indiqué, désignent l'ordre dans lequel parurent toutes ces belles productions recherchées pour leurs fines gravures si charmantes et leur impression nette sur un papier teinté supérieur à celui des éditions lyonnaises; avec caractères typographiques presque aussi clairs, mais un peu moins menus, que ceux qui distinguent cette

dernière collection, mignonne autant qu'é-
légante, qui ne pouvait être distancée que
par l'édition de Paris, la plus complète et
la plus grande publication de petits formats de la fin du dix-huitième siècle, et
en même temps l'une des plus curieuses
surtout dans son commencement.

L'on peut sans crainte affirmer que, si
Cazin n'avait eu que ses romans anglais
de la petite bibliothèque de campagne
imprimée à Reims en 1784, à laquelle il
est encore permis d'ajouter ceux de Mayer,
ainsi que *Werther, Olinde, Barjac*, etc.,
même en joignant les œuvres de Miss Burney aux œuvres de Fielding qui composent
toute cette *Bibliothèque de campagne, ou
collection des romans, dans le format
in-18*, dont l'édition est si médiocre, il
faudrait chercher ce qui, parmi tout cela,
pourrait faire un peu ressortir son nom.
La grande infériorité de ces publications,
leur papier quelque peu commun, leur
impression négligée et d'apparence vul-
gaire, leur condition généralement peu
soignée enfin, ne furent pas des recom-
mandations satisfaisantes pour les bibliophiles. En un mot, toutes ces petites pro-

ductions étaient insuffisantes pour attirer sur Cazin la réputation que lui valut d'abord sa collaboration active, suivie, en 1785, après six ans d'association, de sa direction unique, à l'importante collection parisienne à laquelle il donna alors son nom.

C'est à cette époque qu'il introduisit aux catalogues ses éditions rémoises, qu'il ne parvint cependant jamais à fondre avec celles de la publication capitale, si distincte de quantité d'autres encore, également en petit format, très-souvent à bon marché, que l'on ne pouvait mettre en comparaison avec elle.

. . . .

L'éditeur de *Cazin, sa vie et ses éditions*, ayant cité dans sa préface, à la page 6, les lignes suivantes du *Remensiana* de M. Louis Paris : « Il serait d'un « bon bibliophile rémois de chercher à « distinguer et à réunir tout ce qui est « véritablement l'œuvre de Cazin... » il était permis de croire qu'un ouvrage écrit et publié à Reims même serait rédigé suivant cette idée et avec cette inspiration. L'espoir de trouver conséquemment dans ce livre un guide officiel, d'une valeur réelle, que l'on consulterait toujours sans conteste, se métamorphose en surprise et fait très-vite place au plus grand désappointement. L'amalgame assez superficiel du brave éditeur, remarquant très-bien la reliure en veau fauve ou maroquin rouge, avec la bonne condition des volumes de sa bibliothèque; remplaçant par des puérilités la bibliographie exacte à laquelle on s'attendait, et remplissant de petites niaiseries un volume sérieux ou du moins annoncé comme tel, cause un profond désenchantement. Avait-il en vue, avant tout, sa ville du sacre, ainsi qu'il l'appelle que Cazin n'a quittée, à son avis, qu'en 1789? Cela doit prévaloir, suivant lui, car c'est ce qui l'arrête dix fois, ce qui l'occupe le plus, qu'il met en évidence, qu'il cherche à établir malgré Brunet ou Quérard, qu'il tente de faire croire et qu'il s'essaye à prouver envers et contre tous, sans parvenir à convaincre aucunement en dépit de nombreuses répétitions sur ce sujet tant dans la notice amusante aussi fantaisiste qu'anecdotique et invraisemblante, qu'aux catalogue général, supplément, additions et contrefaçons!???

On sourit en voyant employer ce mot tout en faveur de Cazin. Ne serait-on pas plus exact si l'application en était renversée? Et pourquoi cataloguer dans ces *contrefaçons* les *Poésies* de M. le marquis de la Farre, à la fin desquelles le catalogue de la collection contenant déjà plus de cinquante volumes fait partie inhérente de la dernière feuille; le *Théâtre* de Voltaire en huit volumes, avec changement très-léger après le titre, au bas duquel on lit : A Amsterdam, chez Van Harrevelt; *Olinde*, un volume cité par tous les catalogues à partir de 1784; l'*Aminte* du Tasse et le *Voyage sentimental*, où l'on trouve, à la fin de l'ouvrage, un catalogue avec pagination suivie intégrante ; et autres ouvrages appartenant à cette collection d'une façon non moins authentique? Enfin, ces soi-disant contrefaçons se terminent par un *Catalogue des contrefaçons*, qui n'est que le catalogue un peu tronqué du dernier volume des *Contes et nouvelles de Marguerite de Valois, reine de Navarre, faisant suite aux contes de J. Boccace. Tome hui-*

tième. A Londres, M.D.CC.LXXXVII.
Pages 162 à 175, fin du volume. Et la
collection des *Poëtes françois,* édition de
Lyon, en petit format, tient le milieu de
ce catalogue dont la réimpression, dans
Cazin et ses éditions, se trouve précédée
de ses ouvrages cités sans date, pages 198
à 201, pour que leur double emploi avec
ceux du catalogue général, pages 57 à 71,
soit moins flagrant et l'identité moins ac-
centuée. On ne peut laisser passer tout
cela sans protester ; mais ne serait-ce pas
fastidieux ou superflu d'appuyer sur l'in-
suffisance et les errements de ce travail ?

Et ne serait-il pas de même inutile de
s'appesantir encore sur le peu de sérieux
de sa notice ? à part ces copies et extraits
d'actes d'état civil, les seules choses très-
exactes de tout l'ouvrage intitulé si pom-
peusement : *Cazin, sa vie et ses éditions.*

S'il est permis d'écrire encore : A chacun
selon ses œuvres ; il n'est qu'équitable de
décharger l'éditeur rémois du ramassis de
contes en l'air, d'invraisemblances sans
fondement, de faits mensongers même,
allégués par Chalons-d'Argé dont le manuscrit est textuellement reproduit dans

cette notice, excepté certains détails gé-
néalogiques que le petit-fils de Cazin n'a
pas cependant laissé perdre et qu'il a
groupés dans l'article UN ÉDITEUR DU
XVIII° SIÈCLE. *Martin Hubert Cazin* : article publié dans la *Revue des Provinces*,
du 15 mars 1864, pages 391 à 400...

En novembre dernier, un prospectus,
annonçant sous presse cette première partie, amena à l'éditeur plusieurs renseignements suivis de communications lui faisant connaître que les problèmes qu'il
croyait le premier résoudre en démontrant
que Cazin n'était pas seul l'auteur et pro-
pagateur des petits formats auxquels on
donne ordinairement son nom, et que les
volumes portant la rubrique de Genève,
Amsterdam, la Haye, etc., n'émanaient
de lui en aucune manière; problèmes sans
solution jusqu'à présent, pensait-il ; avaient
été étudiés et même élucidés par des bibliophiles compatriotes du marchand-
libraire rémois. Leurs travaux ont été mis
obligeamment à sa disposition, avec la
notice entière et les lettres de Chalons-
d'Argé, jointes aux manuscrits — parmi
lesquels celui d'un ancien secrétaire en chef

de la mairie de Reims est à remarquer —
annotés par Brissart-Binet, qui, propriétaire de tous ces documents, s'en est si
mal servi.

L'éditeur regarde comme un devoir de
donner place à des aperçus extraits de ces
pièces communiquées sans réserve par un
collectionneur éclairé, bibliophile exact,
que l'on remercie ici très-chaleureuse-
ment, espérant qu'il laissera tomber l'a-
nonyme lors de la publication d'une seconde partie où l'on appréciera ses recherches patientes et persévérantes, et
cette sérieuse exactitude qui aurait fait
de son travail la monographie ou manuel complet du petit format, s'il ne l'eût
laissé interrompu.

Il a bien voulu promettre de laisser
imprimer ce qu'il avait définitivement
rédigé, c'est-à-dire une biographie de
Cazin, purgée de toutes les inventions de
Chalons-d'Argé, et où il n'a rien avancé
qu'avec pièces à l'appui; et une description complète des seuls ouvrages qui
puissent être attribués à Cazin.

Il avait aussi commencé une petite dissertation destinée à établir la véritable

part de Cazin et celle de chacun de ses concurrents. Malheureusement, elle est restée inachevée; et si l'on reproduit le fragment communiqué, c'est qu'il établit très-bien le but de ses recherches et la justice qui doit être rendue aux biblio-philes qui l'ont précédé.

II

DISSERTATION

« De tous les éditeurs qui se livrèrent à la fabrication clandestine ou tolérée des petits formats, Cazin fut le seul qui crut pouvoir par moments lever le voile de l'anonyme et attacher son nom ouverte-ment à quelques-unes de ces publica-tions. D'un autre côté, il n'avait pas adopté un type unique. Sa collection offre des volumes élégants dans leur papier, leur disposition typographique, leurs carac-tères, et ornés de toutes les ressources de l'art combiné du dessinateur et du graveur. En même temps, on y trouve des volumes privés de tout ornement et aussi laids de papier que d'impression. Entre ces deux extrêmes, se présentent de nombreux intermédiaires. Dépourvus de renseignements, désorientés, les amateurs, cédant d'ailleurs à une pente facile et ordinaire en pareil cas, rapportèrent sans distinction à Cazin tous les volumes analogues aux siens.

« Il y a une quarantaine d'années, quelques vieux libraires, comme les Merlin et les De Bure, auraient pu donner des renseignements sur ces petits volumes qu'ils avaient vu fabriquer et vendre ; mais le sujet leur paraissait médiocrement intéressant ; les curieux et les amateurs ne s'en occupaient pas encore ; ils ne furent pas questionnés et leurs souvenirs périrent avec eux.

« Aujourd'hui que la mode s'est retournée vers ces curieux petits volumes, on s'est enquis de leur histoire, et il a fallu la reconstruire avec peine et encore très-imparfaitement. Plusieurs questions se présentèrent aux observateurs. Tous ces petits volumes étaient-ils du même format ? devait-on les attribuer indistinctement à Cazin, quel qu'en fût d'ailleurs le format, la rubrique et la date? Cazin était-il l'inventeur du format qui porte son nom? Quelles étaient ces éditions de Lyon contre lesquelles Cazin s'était montré si préoccupé de mettre en garde le public?

« Un savant bibliophile, M. Maille, ancien secrétaire de la mairie de Reims, s'était préoccupé de la question des formats et l'avait fort soigneusement élucidée dans un excellent travail manuscrit. M. Maille, quoique n'ayant décrit qu'un petit nombre de volumes, avait péremptoirement démontré que les petits formats devaient être ramenés à deux types principaux : le format in-24, qui est celui des volumes à la rubrique de Genève, et le format in-18, qui est celui des volumes à la rubrique de Londres. Par une étude approfondie des marques distinctives de ces deux types, il avait été amené à supposer que les volumes à la rubrique de Genève pouvaient bien être les fameuses éditions lyonnaises. S'il lui eût été possible d'étudier un plus grand nombre de volumes, de compulser les documents réunis par M. Brissart et de confronter plusieurs catalogues officinaux, M. Maille eût tranché définitivement toutes les questions relatives à Cazin. Mais il n'osa exprimer sa conviction que sous forme dubitative, et « laissa à de plus « heureux le soin de rechercher et de bien « déterminer l'origine de ces petits vo- « lumes in-24. »

« Un peu plus tard, M. de Laubrière, qui avait ramassé volume à volume une fort nombreuse collection de petits formats, avait été frappé, lui aussi, des profondes différences qui existent entre les volumes à la rubrique de Genève et ceux à la rubrique de Londres. Une heureuse trouvaille l'avait mis en possession d'un exemplaire des *Contes de la reine de Navarre*. Londres, 1787, 8 vol. in-18, à la suite desquels se trouvait le catalogue des éditions de Lyon, et ne lui avait plus permis de douter que ces éditions de Lyon ne fussent celles qui portent la rubrique de Genève. Mais ne pouvant se décider à les retrancher de l'actif de Cazin, il préféra supposer que ce libraire avait primitivement édité cette série avant d'en recommencer une autre à la rubrique de Londres, vers 1780.

« Quant à M. Brissart, il avait eu sous les yeux le travail de M. Maille, celui de M. de Laubrière, et les catalogues des éditions lyonnaises; mais il ne voulut pas voir ce que ces bibliophiles pleins de tact avaient pressenti et deviné. Passant leurs études sous silence, il continua d'attribuer résolûment les éditions de Genève à Cazin, et crut que l'on pourrait trouver les éditions de Lyon dans la bibliothèque amusante. En effet, le catalogue précité lui permit d'établir que Cazin était resté étranger à cette collection, mais, s'arrêtant en route, il ne sut pas tirer parti des documents qu'il avait rassemblés... »

Ici s'arrête le fragment communiqué.

Les ouvrages et publications qui font mention de Cazin ou de ses collections sont :

1° *Remensiana*, par M. Louis Paris. 1 vol. in-32. Reims, L. Jacquet, 1845.

2° *Bulletin des arts*, année 1846. Premier article de Chalons-d'Argé sur son aïeul.

3° *Nouvelle biographie générale*, depuis les temps les plus reculés jusqu'à nos jours (*Biographie universelle*), publiée sous la direction de M. le docteur Hœfer. 46 vol. in-8. Paris, Firmin-Didot frères, fils et Cᵉ.

4° *Biographie rémoise*. H. Danton, 1854.

5° *Bulletin du bibliophile*, livraison d'octobre, pages 988 et suivantes. Paris, J. Techner, 1856.

6° *Nouveau manuel de bibliographie universelle*, par F. Denis, P. Pinçon et de Martonne. Paris, Roret, 1857. In-8. Pages 680 et 681.

7° *Collection des Manuels-Roret*, in-12. *Manuel de bibliographie universelle*, etc. Le même que le précédent. Paris, Roret, 1859. Tome III.

8° *Cazin, marchand-libraire rémois*. Brochure in-12. (*Essai sur sa vie et ses éditions*. Première notice de M. Brissart-Binet.) Reims, 1859.

9° *Dictionnaire de bibliologie*, par G. Brunet, de Bordeaux. Migne, 1860.

10° *Dictionnaire populaire illustré*, par Décembre-Alonnier. Tome I, page 540, col. 3, article Cazin (Hubert).

11° *Cazin, sa vie et ses éditions*, par un cazinophile. (Brissart-Binet, libraire à Reims.) Cazinopolis, M.D.CCC.LXIII.

In-18 et petit in-8. Ce volume est réimprimé textuellement avec la date .M.D.CCC.LXXVI.

12° *Revue des Provinces*,·du 15 mars 1864. Vol. II, 3ᵉ livraison, pages 391 à 400. — Un éditeur du XVIIIᵉ·siècle. — Martin-Hubert Cazin.

De ce dernier article, par A.-P. Chalons-d'Argé, comme de plusieurs des précédents qui proviennent de même source, il est permis de n'admettre les récits sans vraisemblance que sous réserve et pour cause, l'imaginative du petit-fils de Cazin pouvant être suspecte à l'égard de maints faits avancés sans preuve et contraires aux informations recueillies sur le marchand-libraire rémois.

Celui de Ferdinand Denis, dans le *Manuel de bibliographie universelle*. Paris, Roret, 1857, in-8, ou 1859, in-12, vol. III, dont la collection du docteur Boyveau a fourni seule les renseignements, commence par une notice succincte sur Cazin, résumé biographique où on voit « qu'il établit d'abord ses magasins dans le cul-de-sac Saint-Honoré, » et pour que cela paraisse plausible, en tête de la liste, deux ouvrages, Colardeau, *Œuvres*, 2 vol., et Grignon, *les Orangers*, etc., sont cités à la date de 1773. Les *Œuvres* de Colardeau, de l'Académie françoise. A Paris, chez Cazin, libraire, cul-de-sac du Coq Saint-Honoré, n° 3. M.D.CC.XCIII. Trois volumes, la dernière publication en petit format de ce libraire, est la seule ayant cette adresse au titre avec cette date traduite en 1773, chiffres arabes, par MM. Boyveau et F. Denis, pour la concordance avec leur notice qui finit ainsi : « La liste dont on va prendre connaissance a été, sauf quelques-additions, scrupuleusement établie sur les indications de M. le docteur Boyveau, lequel possède presque tous les ouvrages qui figurent ici. »

Cette *liste des principales éditions du libraire Cazin*, par Ferdinand Denis ou le docteur Boyveau, est divisée dans cet ordre :

1° Ouvrages publiés sous la rubrique de Paris (1773-1791).

2° Rubrique de Genève (1777-1789).

3° Editions de Genève (sans date).

4° Rubrique de Londres (1777-1791).

5° Editions de Londres (sans date).

6° La Bibliothèque amusante (1781-1788).

7° Rubrique de Reims (1783-1784).

8° Ouvrages non classés (sans date).

9° Ouvrages italiens
$\left\{\begin{array}{l}\text{Londres, 1784.}\\ \text{Orléans, 1785}\\ \text{1786.}\\ \text{Paris, 1786.}\end{array}\right.$

M. L. de Laubrière, en tête de son catalogue si souvent cité par Brissart-Binet, transcrit in-extenso la notice et les ouvrages du *Manuel de bibliographie Roret*, article Cazin par F. Denis ; et met en note à la fin :

« Cette liste est loin d'être complète, et
« renferme quelques erreurs, comme on
« pourra s'en assurer en consultant tous
« les catalogues qui vont suivre. »

Ces catalogues sont d'abord deux feuillets que l'on trouve à la fin du deuxième volume des *Lettres persanes* de Montesquieu. Amsterdam, 1789 ; précédant la
« copie du catalogue des Cazin publiés à
« Genève (probablement), lequel se voit
« à la fin du quatrième volume des *Œu-*
« *vres complètes* de Vadé, édition de Ge-

« nève 1777, » que suit la « copie d'une
« notice sur Cazin publiée en 1859, |par
« M. Brissart-Binet, libraire de l'académie
« de Reims et bibliophile distingué, qui
« possède une très-belle collection des
« ouvrages de cet éditeur. »

Puis, par M. de Laubrière, un grand
« catalogue général alphabétique des ou-
« vrages publiés par Cazin dans le format
« petit in-18 auquel on a donné son nom, »
avec cet « Avertissement : Le catalogue
« suivant est composé d'après des indica-
« tions puisées soit dans les bibliographies,
« soit dans des catalogues partiels, im-
« primés à la suite de volumes de la col-
« lection Cazin... L. de Laubrière. » Dis-
posé comme à la fin du catalogue de ses
livres vendus par M. A. Labitte, en novembre 1868, et dont la nomenclature
serrée, pages 244 à 248, peut donner une
légère idée avec les Nᵒˢ 3110 à 3113 (1)
inclus, ce « catalogue alphabétique, d'après
« le titre exact, des divers ouvrages pu-

____

(1) « 3113. — Collection Cazin. —(On a aussi
compris sous ce titre les volumes de la *Bibliothèque amusante* et généralement toutes les
imitations des véritables éditions cazines.) — A

« bliés par Cazin, » comprend tous ces volumes in-18 et in-24 des éditions de
(Londres) Paris (Genève), Lyon, Reims,
Orléans, etc., de la *Bibliothèque amusante*
et des autres collections de romans en
petit format. On y trouve même indiqué
celui dont on ne rencontre aucun exemplaire, annoncé sous presse en 1789 :
« Aabba ou le Triomphe de l'innocence.
« 17.. Un volume. — Il est rare. »

Et cet autre : « Mes Bagatelles ou les
« Hochets de ma jeunesse, par M. Vernes
« le fils. (Indiqué comme étant sous presse
« en 1785 (1), au catalogue contenu dans

moins d'une indication particulière, les volumes
sont reliés en veau, fil., tr. dor. Ensemble 722
volumes. »

Vendus en bloc, ces 722 volumes, auxquels
les Nos 3110, 3111 et 3112 ont été joints, furent
adjugés à la fin de la dix-huitième vacation, le
28 novembre, dans la soirée, pour onze cent
quinze francs sans les frais.

(1) Dans *Cazin, sa vie et ses éditions*, p. 151 :
« Mes Bagatelles ou les Hochets de ma jeunesse,
par Vernes fils. — Un volume, indiqué sous
presse au catalogue Cazin de 1788. » C'est le
volume publié en janvier 1786, sous le titre :
Poésies de M. Vernes fils, citoyen de Genève.
Londres, MDCCLXXXVI, au titre imprimé
comme au titre gravé.

« le quatrième volume de Tristram Shan-
« dy.) »

Le travail étendu de M. de Laubrière est
terminé par une « table alphabétique des
« auteurs ou traducteurs dont les ouvrages
« font partie de la collection Cazin, avec
« l'indication des titres sous lesquels on
« peut les trouver dans le catalogue qui
« précède, » et par un dernier « catalogue
« chronologique des diverses éditions de
« Cazin mentionnées dans le catalogue
« général... — *Avertissement.* Les titres
« de' tous les ouvrages, bien qu'abrégés
« dans le catalogue chronologique, sont
« dans leur ordre alphabétique et tels
« qu'ils puissent se retrouver facilement
« et se compléter au besoin dans le cata-
« logue général qui précède. — L'on
« trouvera dans les listes suivantes toutes
« les indications données par M. F. De-
« nis, malgré les erreurs qu'il est facile
« d'y constater. J'ai cru devoir les con-
« server en entier, dans la crainte de com-
« mettre moi-même des omissions en
« rejetant comme apocryphes des réim-
« pressions qui, par le fait, ont pu exis-
« ter, bien que je ne les aie jamais ren-

« contrées, et quelque improbables qu'elles
« pussent paraître dans certains cas. —
« L. de Laubrière. »

Suivent des listes, disposées comme aux
Manuels de bibliographie universelle de
Roret, amplifiées et comprenant les ouvrages publiés sous les rubriques de Londres, Genève, Paris, Reims, Amsterdam,
Lausanne, la Haye, Liége, Orléans, et
enfin sans indication ou certitude de lieu.
On pourra plus tard déterminer les publications obscènes et licencieuses à l'aide
de ce travail esquissé légèrement, vu le
cadre étroit de cette étude-introduction,
Celui de M. A. Maillé, auquel on doit
rendre aussi justice, aura son analyse avec
des extraits moins succincts dans l'étude
suivante.

I

LE PETIT FORMAT

PETIT FORMAT DIT *Cazin*.

Les publications si florissantes à la fin du siècle dernier, d'ouvrages imprimés dans un petit format in-18 ou in-24, eurent d'abord à lutter contre une résistance passive qu'il leur fallut vaincre. Le classement dans les bibliothèques des très-petits in-12 dérivant des Elzéviers du siècle précédent, semblait l'extrême limite; et l'on ne pensait guère y voir introduire un volume de poche différant peu, comme forme, des almanachs de l'époque.

2

Depuis longtemps déjà, l'Angleterre
avait des collections de ses poëtes natio-
naux et des poëtes latins dans les petits
formats que l'on ne pouvait parvenir à ac-
climater en France, lorsque le choix savam-
ment combiné de nombreux ouvrages, joint
au mérite de la plupart des éditions, les fit
admettre insensiblement sur les rayons
des bibliophiles. Introduits à peine ou
seulement tolérés, leur succès se dessina
peu à peu, prit corps, s'accentua; et ces
productions si difficiles à faire recevoir
par les syndics de la grande librairie ex-
cluant de ses rangs ces mirmidons d'un
nouveau genre et les reléguant aux poches
et goussets à perpétuité; ces volumes si
petits auprès des in-folio et des in-quarto
de l'époque, que l'on s'avisa de les ren-
fermer en nombre dans des boîtes ou cais-
ses imitant l'in-folio relié; ces formats si
mignons, malgré les efforts de maints
bibliographes, éditeurs, imprimeurs et
libraires, s'imposèrent avec un essor ra-
pide et une vogue extraordinaire.

Il faut peut-être attribuer une partie de
ce succès sans exemple à cette opposition
à laquelle Brunet même participa. Son

travail ne mentionne pas ces petites collections dédaignées par presque tous les bons
libraires parisiens. Sauf quelques ouvrages, parmi lesquels le *Recueil des contes*,
en quatre volumes, que l'auteur du *Manuel* dit avoir été imprimé à Liége, et la
collection des *Œuvres* de J.-J. Rousseau,
faite sur l'édition de Genève dans le petit
format de Paris, on ne cite guère les publications de cette collection (dite Cazin),
non plus que de quelque autre similaire,
et, à l'exception de celle de Quérard,
toutes les bibliographies de l'époque sem-
blent intentionnellement vouloir les laisser à l'écart.

Qu'elle soit volontaire ou non, cette
omission des bibliographes est toujours
singulière, et l'on n'est que trop porté à
désirer en connaître le motif réel pour ne
pas faire mainte supposition désavanta-
geuse pour Cazin. N'était-ce pas parce
qu'il faisait imprimer dans ce petit format
ces ouvrages clandestins qu'il vendait
presque ouvertement, qui contribuèrent
tant à le faire connaître et auxquels il
faut peut-être accorder certaine partie de
sa célébrité? Ou parce qu'impunément,

grâce à quelque appui occulte, il pouvait sans crainte livrer des productions que ses confrères les plus audacieux n'osaient vendre que sous le manteau? Faut-il l'attribuer à la personnalité même de ce marchand libraire? Une étude biographique exacte, et non pas surfaite à l'exemple de celles connues jusqu'à présent, pourrait seule éclairer tout ce qui a trait à ses publications si graveleuses, et ne laisserait subsister aucun doute à ce sujet.

Une des premières publications à noter dans les formats in-24, est la *Pucelle d'Orléans*, poëme divisé en vingt chants, avec des notes. M.D.CC.LXV. Portrait de Voltaire au frontispice, un volume avec préface de don Apuleius Risorius, bénédictin, de VIII — 238 pages, poëme imprimé très-soigneusement avec un petit caractère élégant. Ce fut peut-être un point de départ à l'essai d'une petite collection voltairienne de poëmes auxquels se rattachent la *Henriade*, en dix chants, Genève, 1773, et le *Recueil* de différents poëmes, etc., Genève, 1773 également; deux petits volumes distingués, soignés, et par erreur regardés comme les pre-

miers de Cazin, qui n'a, à les voir figurer
à son actif, d'autre titre que d'en avoir
imité le format six ans plus tard.

Dans la quatrième édition de l'*Hymne
au soleil*, par M. l'abbé de Reyrac, censeur royal, etc., à Orléans, chez Couret de Villeneuve, imprimeur du roi,
M.D.CC.LXXIX, l'avis de l'imprimeur
dit, pages 8 et 9 : « On a choisi parmi les
divers formats celui du petit Phèdre que
nous publiâmes, il y a quelques années,
comme le plus portatif et le plus agréable...

« Nous avons donc lieu d'espérer que
les gens de lettres et les curieux, qui con-
servent dans leurs cabinets les meilleurs
auteurs anciens et modernes que nous
avons imprimés depuis vingt ans, tels que
l'Horace, le Phèdre, le Boileau, le Gresset,
les œuvres de M. L. C. D. B., etc., etc.,
ne seront pas moins satisfaits de cette petite édition de l'*Hymne au soleil*... »

On remarque à l'examen des ouvrages
appartenant à ces deux premières collections dont l'unité laisse peut-être à désirer, et dont la succession n'était pas bien
régulière, qu'elles furent poursuivies avec
quelques tâtonnements. Leurs petits for-

mats similaires ne sont pas exactement
identiques pour chacune de leurs publications. Toutefois, ces deux tentatives
amenèrent ce premier résultat qu'il y eut
une voie ouverte où put s'engager sans
hésitation l'élégante édition lyonnaise
(Genève, 1777), dont les quatre-vingts volumes environ contribuèrent tant à la
vulgarisation de ce charmant petit format
in-24, si rare aujourd'hui, conséquemment si recherché; mais dont la vogue
au dernier quart du dix-huitième siècle
était corroborée sans doute par l'adjonc-
tion à chaque ouvrage ou d'un beau
portrait de l'auteur, ou d'une charmante
figure gravée par L. de Launay sur des-
sin de Marillier.

C'est alors qu'alléchés par le succès des
éditions de Lyon, et encouragés par un
associé sans préjugés, entreprenant autant
que hardi, cachant habilement ses me-
nées ambitieuses et équivoques, plusieurs
éditeurs, libraires et imprimeurs parisiens fondèrent en collaboration, vers la
fin de 1779, une société pour la publication des petits formats sur une vaste
échelle, en y rattachant quelques ouvrages

édités antérieurement. Le principal, portant la date de 1778, est ce *Recueil de
contes* en quatre volumes avec composi-
tions gravées à mi-page en tête de chaque
conte, qui tient toujours la première place
dans la plupart des nombreux catalogues
de la superbe collection, en beau papier,
belle impression, belles gravures, etc., qui
fixe enfin le petit format in-18, dont s'em-
pare toute publication similaire ou rivale.
Appuyée, patronnée ou taillée à son modèle, chacune participe au succès colossal
d'une collection comprenant, avec celle des
Œuvres de J.-J. Rousseau, faite sur l'édition de Genève, et ornée des charmantes
petites figures de Moreau, trois autres
ouvrages hors ligne : 1° Le *Recueil* en
quatre volumes, avec figure gravée à
chaque conte, qui vient d'être cité ; 2° la
Pucelle d'Orléans, poëme en vingt et un
chants, délicieuse gravure attribuée à Du-
plessis - Bertault, à mi-page à chaque
chant ; 3° le *Fond du sac*, contes et mélanges en vers et en prose, avec quelques
vignettes de Desrais, réparties aux principaux des deux volumes. Les huit tomes
de ces trois ouvrages, dont tous les chants

ou contes ont en tête une gravure aussi gracieuse que fine et délicate, sont recherchés et gardent le premier rang des petits formats in-18 comme in-24.

La rubrique de Londres est généralement adoptée par les collections qui suivent et imitent celle de Paris, non-seulement dans son format, — qui dix ans plus tard s'appelait le format Cazin, — mais aussi dans son papier et parfois dans ses caractères, sans jamais viser aux figures ou frontispices gravés. Deux surtout, dont la première a l'air d'être de sa filiation : la *Bibliothèque amusante*, et la *Collection complète des romans*, marchent tout à fait sur ses traces.

Le petit format en vogue constante et croissante attire l'attention de nombreux éditeurs, imprimeurs et libraires. En 1782, Didot l'aîné, et De Bure l'aîné, l'emploient pour une collection des moralistes anciens, dédiée au roi, suivie de plusieurs autres *ad usum Delphini*, du comte d'Artois, de Monsieur, etc. Chaque prince veut son petit format tout particulier ; et, de prime abord populaire, ensuite adopté par la famille royale, il arrive enfin à faire l'ornement des bibliothèques les plus aristocratiques.

Quoique les éditions de Didot soient très-distinctes des autres, de même que la plupart de celles qui les prirent pour modèle, une étude particulière est consacrée aux collections suivant leur ordre de date ci-après :

1760. — Publications de Couret de Villeneuve, à Orléans; première suite de petits formats.

1773. — Editions des poëmes (collection voltairienne, imprimée à Lille), rubrique de Genève, Paris, Londres, etc.

1777. — Collection des poëtes françois, édition de Lyon, en petit format. (Genève, 1777.)

1779. — Superbe collection, imprimée à Paris, tant des poëtes françois que d'autres ouvrages d'agrément et d'amusement. (Londres, 1779 à 1791; Paris, Cazin, 1791-1793.)

1780. — Petits classiques français et ouvrages légers et curieux. Liége, J.-J. Tutot.

1780. — *Bibliothèque amusante*, rubrique de Londres.

1781. — Collection complète des romans. Même rubrique.

1782. — Collection des moralistes anciens, dédiée au roi. A Paris, chez Didot l'aîné, et De Bure l'aîné.

1783. — *Petite bibliothèque des Théâtres*, proposée par souscription. Paris, années 1784 à 1789.

1784. — *Petite bibliothèque de campagne* ou collection des romans dans le format in-18. Reims, Cazin.

1784. — Collections diverses de Didot, parmi lesquelles celle à l'usage du Dauphin.

1785. — Celle imprimée par ordre de Monsieur ; celle du comte d'Artois, etc., etc.

1785. — *Bibliothèque universelle des dames*. (Deux volumes tous les mois.) A Paris, rue d'Anjou, etc., avec approbation et privilége du roi.

1785. — Collection d'ouvrages sur l'histoire naturelle. Rubrique de Londres.

1785. — Collection des poëtes italiens; première suite à celle de Cazin, imprimée à Orléans, par C.-A.-J. Jacob.

1785. — Collection des poëtes anglais; deuxième suite ajoutée en même temps que la précédente à ses publications, par Cazin.

1786. — *Petits romans*, suite d'ouvrages en deux volumes, anecdotes de la cour, etc. A Amsterdam, et [se trouve à Paris rue et hôtel Serpente.

1786. — Petite collection de poëtes érotiques. Avec permission, chez Hardouin et Gattey, libraires de S. A. S. Mme la duchesse d'Orléans, au Palais-Royal, n° 14.

1787-88 et suiv. — *Bibliothèque des gens du monde*, mélanges de morale facile et de littérature légère. Paris.

1787-88 et suiv. — Petites éditions de Le Prince.

1787-88 et suiv. — Petites éditions de Louis, avec figures, etc., etc.

1792. — Collection de Mercier, de Compiègne. Paris...

1795. — Collection de Patris. Avec gravures dessinées par Binet et gravées par Blanchard. Paris.

1795. — Traduction d'auteurs érotiques anciens avec fig. en taille-douce. Paris, Volland, an IV.

Enfin, les petits formats de Danel à Lille, de Leroy à Lyon, etc., avec ceux des autres imprimeurs et libraires de province, et toute collection essayée ou tentée au dix-huitième siècle.

On pourrait terminer par une nomenclature de quatre ou cinq cents ouvrages ne se rattachant à aucune publication suivie et formant un ensemble d'au moins douze cents petits volumes curieux et assez rares, dont quelques-uns sont cités dans le grand Catalogue manuscrit de M. L. de Laubrière et dans l'ouvrage bibliographique *Cazin, sa vie et ses éditions*. Leur réunion en collection suivant l'ordre de date aurait certain attrait et peut-être intéresserait le bibliophile autant que l'amateur.

II

*Extraits d'un petit travail par M. A.
Maille, secrétaire en chef de la mairie
de Reims. — Description bibliographique des Cazins en sa possession.*

« QUELQUES NOTES ET RENSEIGNEMENTS BI-
BLIOGRAPHIQUES CONCERNANT LES ÉDITIONS
DE CAZIN.

« Puisqu'il s'agit d'un travail bibliographique, nous sera-t-il permis de dire deux
mots du format de ces jolis petits volumes
édités par le célèbre libraire de Reims?
volumes que naguère encore on jetait
pour dix sous à la tête des acheteurs, mais
que les collectionneurs et les bibliophiles
commencent à rechercher aujourd'hui avec
empressement. Et ils ont bien raison, les
bibliophiles et les collectionneurs ! car ce
ne sont pas les éditeurs du dix-neuvième
siècle qui leur fourniront de sitôt d'aussi
charmants petits livres. Vrai papier

vergé, d'une consistance inconnue de nos
jours, d'une résistance à toute épreuve,
que la piqûre et l'humidité essaieraient en
vain d'attaquer ; beau veau fauve ou mar-
bré ; reliure coquette et plus solide encore
qu'élégante ; dorure sur tranche ; doubles
et triples filets sur les plats ; filets au bord
et sur l'épaisseur des cartons ; dentelle
intérieure ; enfin une foule de ces belles
petites choses qui font de ces petits volumes des volumes inimitables, et que dis-
tinguera toujours le cachet qui leur est
propre. Et l'impression ! quelle netteté,
quel bon goût dans ces caractères qui rap-
pellent, pour la plupart, les types de Ga-
ramond, que les connaisseurs savent si
bien apprécier ! Que dire aussi des dispositions typographiques ! de ces portraits et
de ces gravures dus au crayon et au bu-
rin des Delvaux, des Duponchel, des Marillier, des Cochin, des Nicolas de Launay,
membre de l'Académie royale de peinture
et de sculpture, des Robert de Launay junior et de tant d'autres artistes ! de ces
vignettes, de ces fleurons, têtes ou bas de
pages, culs-de-lampe, et de ces mille ornements typographiques répandus à pro-

fusion dans un grand nombre de ces légers volumes? On voit tout de suite que
c'était pour l'art typographique le bon
temps, le temps où le public encourageait
les artistes et les éditeurs...

« Mais j'oublie, cher lecteur, que je
dois vous parler du format de mes petits
Cazins. Je ne dis rien des éditions in-8°
ou in-12, en assez petit nombre, publiées
par le fameux bibliopole et dont on peut
juger le format à la première vue; mais
c'est le format des petits volumes qui
m'embarrasse. Le spirituel auteur du *Remensiana*, dans le trop court, mais pourtant un tant soit peu rude article qu'il a
consacré à ce pauvre Cazin (qui n'a pas
seulement publié des productions licencieuses et à qui nous ne devons pas trop
faire un crime de ce qui était peut-être
bien plutôt la faute des mœurs de son
temps), me dit que ce sont des in-32. Ailleurs je lis que ce sont des in-18. Un autre me parle d'in-24. A quoi nous arrête-
rons-nous? Si je consulte les autorités,
j'y vois que les signatures et les réclames
me feront connaître le format, aussi bien
que les vergeures et les pontuseaux ; que,

dans le format in-18, les pontuseaux sont perpendiculaires, et que dans le format in-24 ils sont perpendiculaires ou horizontaux..... Ce sont donc bien de petits in-18 que nous avons entre les mains. Et si nous observons que cette division de la feuille de 36 pages en trois cahiers de chacun 12 pages était, le plus généralement, adoptée anciennement pour le format in-18, et que la plupart des bibliographes rangent les Cazins dans les in-18, il ne nous restera plus de doute. Nous pouvons d'ailleurs invoquer à cet égard l'autorité de Cazin lui-même, qui, dans son édition in-8° de la *Morale de Confucius*, N° 16 ci-dessous, nous dit que le privilége se trouve à l'*édition in-*18.

« Pourtant, si la plupart de ces petits volumes édités par notre illustre libraire sont avec raison classés parmi les petits in-18, n'allons pas aveuglément et à l'aventure les ranger tous dans ce format. Nous y trouverons aussi bon nombre d'in-24, ce que les vergeures, les pontuseaux, les signatures et les réclames nous démontreront d'une manière irréfragable. Nous remarquerons d'ailleurs que ces in-24 n'ont pas tout à fait les mêmes dimensions extérieures. Quelques-uns ont moins de hauteur et plus de largeur; mais le plus souvent c'est par le moins de largeur qu'ils diffèrent des in-18. Dans cette dernière catégorie d'in-24, viennent se grouper la plupart de ces jolies éditions publiées le plus souvent sous la rubrique de Genève, quelquefois sous celle de Londres, attribuées à Cazin, mais dont les caractères fins et menus, quoique nets et élégants, nous paraissent différer essentiellement des éditions ordinaires de Cazin in-18, avec lesquelles nous pensons qu'il faut se garder de les confondre.

« Si vous aimez les livres et les Cazins, vous nous pardonnerez, cher lecteur, toutes ces longueurs et ces fastidieux détails; mais vous reconnaîtrez qu'au moment de vous donner le long catalogue des livres publiés par Hubert-Martin Cazin, il était nécessaire de vous expliquer pourquoi l'indication du format de chaque édition nous a paru, sous le rapport bibliographique, absolument indispensable. »

« 1° *La Henriade en dix chants.*(Fleuron:

un glaive et un bouclier croisés avec une couronne de feuillage.) Genève, 1773. — Un vol. in-24, grand papier, de 161 pages.

Ce volume, qui est bien un in-24, ainsi que l'indique la position horizontale des pontuseaux et les signatures ; mais qui, à raison de la grandeur du papier, pourrait aussi être considéré comme un très-petit in-12, a-t-il été édité par Cazin ? Les caractères sont beaux et d'une assez grande netteté, surtout ceux des arguments et des notes en petit italique ; mais ces caractères diffèrent de ceux de la plupart des éditions authentiques de Cazin. Les fleurons sur bois ne se trouvent également reproduits dans aucune des éditions Cazin que nous avons pu consulter. Toutefois, l'Avertissement placé en tête du volume porte que *cette édition de la Henriade*, etc. (1).

« 2° *Poésies* de M. le marquis de La Fare. (Fleuron : deux branches d'arbre croisées, fleurs et fruits.) A Genève, 1777. — Un vol. in-24 de 192 pages, avec une jolie vignette de Marillier, gravée par Nicolas Delaunay en 1780.

Edition omise dans le catalogue de Ferdinand Denis. Ses bibliographies nous font connaître que les principales publications de Cazin datent des années qui s'écoulèrent entre 1776 et 1786, et que l'on doit surtout s'attacher aux éditions qui ont au titre les millésimes fixés entre 1777 et 1782. Plusieurs des éditions publiées à ces

(1) *Cazin, sa vie et ses éditions*, p. 32, 33 et 34.

dates sous la rubrique de Genève ou de Londres sont en effet remarquables d'exécution. Les caractères de notre La Fare sont menus, mais d'une très-grande netteté. Quant au format, c'est un in-24, à n'en pas douter. Il est d'ailleurs à observer que ces éditions dont le type a un cachet particulier qui. diffère essentiellement des types ordinaires des Cazins, ne renferment aucune indication qui permette d'assurer que ces volumes aient été publiés par notre libraire rémois. Ce type particulier se retrouve dans les œuvres de Bernis ci-dessous, n° 3, le Rabelais n° 12, et le Gessner n° 30. Nous expliquerons les motifs qui nous déterminent à penser que ces jolies éditions, si remarquables par la beauté, la forme et la netteté des caractères, quoique généralement attribuées à Cazin, n'émanent pas de ce célèbre éditeur. Il est du reste certain, ainsi qu'il résulte du catalogue de 1784, ci-dessous transcrit n° 15, que Cazin a édité les œuvres de La Fare, mais nous pensons que son édition n'est pas celle de 1777 dont il s'agit ici.

« 3° Œuvres complètes de M. le C. de B***, de l'Académie Françoise. Dernière édition. Epigraphes: pour le premier volume, *Nascuntur poetæ* ; pour le deuxième volume, *Fiunt oratores*. A Londres, 1777, 2 vol. in-24 de VIII-249, et 164 pages avec portrait de François Joachim de Pierre de Bernis, cardinal-archevêque d'Albi, sans nom de peintre ni de graveur.

Encore une de ces jolies éditions in-24 remarquables par la netteté, la ténuité et l'élégance des caractères. Quoique datée de Londres, tout

porte à croire qu'elle est sortie des mêmes presses que le La Fare n° 2 ci-dessus, le Rabelais
n° 12 ci-dessous et le Gessner n° 30. Plusieurs
petits fleurons se retrouvent dans ces volumes...

« 4° Poëmes, épîtres et autres poésies.
Par M. de Voltaire...

« 5° Œuvres choisies de madame et de mademoiselle Deshoulières. A Londres, 1780...

« 6° Œuvres de Vergier. A Londres.

« 7° *Histoire amoureuse des Gaules...* A
Londres, 1780...

« 8° Œuvres de Rousseau, nouvelle édition. A Londres, 1781...

« 9° *La Dunciade*, poëme... A Londres...

« 10° Joannis Meursii... Londini, 1781...

« 11° *Les Saisons*, poëme... A Londres ..

« 12° Les Œuvres de François Rabelais,
docteur en médecine. *A Genève*, 1782.
4 vol. in-24 de XXIV-294,-347,-276, et
224 pages, avec un très-joli portrait de
François Rabelais dessiné par Sarabat et
gravé par Nicolas de Launay. Au-dessous
du portrait, se voit la figure de la Folie.

Encore une de ces jolies éditions in-24, en
caractères menus, mais remarquables par leur
netteté et leur élégance, comme notre La Fare
n° 2 ; le Bernis n° 3, volumes classés ordinairement parmi les Cazins, mais qui ont un type et

un cachet particuliers, et qui diffèrent trop du
type des Cazins pour qu'on doive les confondre
avec eux et ne pas en faire une catégorie à part.
Il est d'ailleurs à remarquer qu'en ce qui con-
cerne les petits livres de cette classe, rien ne dé-
cèle leur origine, pas même la teinte du papier
qui n'a rien de bleuâtre. Les autres Cazins, pour
la plupart, se trahissent soit par quelque indication sur le portrait, soit par un avertissement,
soit par la teinte du papier, soit par les fleurons
et la forme des caractères ou les dispositions
typographiques, soit encore par la reliure. Mais
ici, presque tous ces signes révélateurs man-
quent ; aussi en enregistrant ces jolis petits volumes au nombre des éditions données par Cazin,
nous obéissons à l'usage plutôt qu'à nos convic-
tions personnelles, et nous demandons au lecteur la permission de faire toutes réserves, lais-
sant à de plus habiles et à de plus heureux le
soin de rechercher et de bien déterminer l'origine
de ces petits volumes in-24, dignes pourtant par
leur belle exécution de la célébrité du libraire
rémois. Notre édition de Rabelais comprend,
en tête du premier volume, la vie de Rabelais,
les particularités de la vie et mœurs du facétieux
curé de Meudon, et une clef. Elle n'est citée ni
dans Quérard ni dans Brunet, mais elle figure
au catalogue Cazin de Ferdinand Denis. Le catalogue de 1784 n'en fait pas mention, ce qui
vient encore à l'appui de nos conjectures.

« 13° *Discours sur l'origine et les fondements de l'inégalité parmi les hommes,
par J.-J. Rousseau...*

« 14° *Les Jardins ou l'art d'embellir les
paysages...*

3.

« 15° Œuvres de Molière... A Londres, 1784...

« 16° *La morale de Confucius...*

« 17° *Théâtre de Regnard...*

« 18° *Les Caractères de Théophraste* avec les caractères ou les mœurs de ce siècle, par M. de la Bruyère...

« 19° *Maximes et réflexions morales du duc de la Rochefoucauld...*

« 20° Poésies de M. Bérenger, à Londres, 1785...

« 21° *L'Aminte* du Tasse...

« 22° *Pensées* de Pascal, avec les notes de M. de Voltaire...

« 23° *Roman comique* de Scarron...

« 24° Les œuvres galantes et amoureuses d'Ovide...

« 25° Les chefs-d'œuvre de Pope...

« 26° *Le philosophe anglais*, etc...

« 27° *Hymne au Soleil...*

« 28° *Entretiens de Phocion...*

« 29° Œuvres complètes de M. Gessner. Sans lieu ni date. 3 vol. in-18 de XX-231, IV-244, et 310 pages. »

Le titre, pour chacun des trois volumes, est gravé en forme de frontispice avec ornements et sujets variés pour chaque volume. Il existe en outre un portrait de Gessner et 14 figures, au total 18 gravures de Marillier, exécutées par A. Delvaux. Plusieurs de ces gravures portent la date de 1779...

« 30° Œuvres complètes de Gessner. Sans lieu ni date. 3 vol. in-24 de XX-219, IV-232 et 290 pages.

Le titre, pour chaque volume, est également gravé en forme de frontispice, et il existe aussi un portrait et quatorze figures, toutes de C.-P. Marillier et gravées par Nicolas de Launay. L. de Launay junior, De Ghendt, P. Duflos junior, J.-L. de Lignon. Ces dix-huit gravures, d'un rare fini d'exécution et bien supérieures à celles du Gessner ci-dessus catalogué, présentent cette particularité qu'elles sont toutes à l'inverse, c'est-à-dire que ce qui se trouve à droite dans l'une des deux éditions est à gauche dans l'autre. Cette jolie édition, ainsi que l'attestent les réclames et les signatures, est du format in-24. Les caractères sont fins, menus, très-nets et élégants, et ils appartiennent, à n'en pas douter, au type typographique du La Fare, du Bernis, et du Rabelais in-24, ci-dessus catalogués par les nos 2, 3 et 12. Plusieurs gravures portent la date de 1778 et 1779. On peut donc assigner aussi à cette édition la date approximative de 1780. Est-elle due à Cazin? Nous ne le pensons pas, et, indépendamment des motifs que nous avons déjà exprimés, nous dirons que le catalogue de 1784 ne fait mention que d'une seule édition dont les exemplaires sont les uns avec les gravures et les autres sans les gravures; — qu'il n'est pas admissible que Cazin ait publié à la même époque, et dans le petit format deux éditions différentes des œuvres de Gessner; — enfin qu'il est encore moins admissible qu'il eût employé pour chacune de ces éditions des types différents, un papier dissemblable, et, plus encore, qu'il ait fait exécuter sur les mêmes dessins, mais par d'autres artistes et reproduites à l'inverse, des gravures différentes pour chacune des deux éditions. Ces observations nous confirment dans la pensée que ces belles petites éditions in-24 de La Fare, de Bernis, de Rabelais, de Gessner, attribuées à Cazin, ainsi que les autres petites éditions du même type, ne sont pas dues au libraire rémois. Feraient-elles partie de cette collection rivale qui s'imprimait à Lyon ? »

Dans ces trente ouvrages formant toute sa collection, M. Maille a rencontré un seul catalogue à la fin du Molière, — N° 5 de la quatrième série ci-après, — qu'il a analysé comme tous ses volumes et à l'aide duquel il a défini et distingué, ainsi qu'on voit par ces extraits, les Cazins d'avec les éditions lyonnaises ou autres. Son travail est terminé par les RENSEIGNE-MENTS qui sont textuellement transcrits dans *Cazin, sa vie et ses éditions*, pag. 35 et 36.

TROISIÈME ÉTUDE

—

LES CATALOGUES

Vers la fin de l'année 1780, quatre pages chiffrées indiquant, détaillée avec prix en feuille pour le particulier, une collection de 39 volumes en petit format ; puis sous presse, les ouvrages continuant cette collection imprimée avec les mêmes caractères et sur le même papier que ce premier catalogue suivi, mensuellement d'abord, puis tous les trois mois, d'un grand nombre d'autres ; se trouvaient chez tous les libraires parisiens vendant les nouveautés.

ÉDITION
DU
CATALOGUE
Cazin

Classés par série, augmentés suivant l'extension de la publication, ces catalogues indiquent très-exactement l'ordre où l'ouvrage parut et l'époque où chaque volume a été imprimé. Leur périodicité régulière jusque vers la fin de 1785, indiquée aux cinq séries suivantes, est à consulter pour l'historique de la collection que l'on pourrait refaire appuyé par une étude approfondie de tous ces catalogues suffisants pour l'établir.

PREMIÈRE SÉRIE

1780 — Mars 1781.

Nᵒ 1.

Catalogue.

Collection des petits formats en beau papier, belle impression, belles gravures et en tout supérieure à celle imprimée à Lyon; elle contient déjà 39 vol. tant des poëtes françois que d'autres ouvrages d'agrément et d'amusement, et elle se continue toujours. Tous ces ouvrages se ven-

.dent séparément et à un prix modique eu égard à la beauté des éditions.

Prix en feuille pour le particulier.

Recueil de contes, 4 vol. avec une jolie vignette à chaque conte, gravées par les meilleurs artistes de Paris. Les deux premiers vol. contiennent les *Contes* de la Fontaine, et les deux derniers sont de différents auteurs... 3o liv.

(Nomenclature des ?9 volumes parus avec le prix en livres et sols.)

Les personnes qui désireront avoir tous ces petits volumes reliés en veau, écaille, filet, bord et bordure, dorés sur tranche, paieront la reliure 16 sols le volume.

Ouvrages sous presse.

Collection des *Œuvres* de J.-J. Rousseau faite sur l'édition de Genève. (14 lignes.)

Les Œuvres choisies de Piron, 3 vol.

Les Œuvres de Jean-Baptiste Rousseau, 3 vol.

Œuvres de La Fare.

— de Mathurin Regnier.

La Henriade.

Le Poëme du Bonheur.

Poésie de Sapho.

Joannis..... 2 vol.

Le Cousin de Mahomet, 2 vol., fig.

Les bijoux indiscrets, 2 vol., fig.

On ne néglige rien pour rendre cette collection agréable et intéressante, commode et portative : chaque ouvrage est orné du portrait de l'auteur ou d'une vignette gravée par un des meilleurs artistes de Paris.

On donnera tous les ans 12 à 15 volumes qui augmenteront successivement cette collection, et qui sera une des plus belles et des plus complètes qui aient jamais paru en France.

N° 1 *bis*. — Janvier 1781.

Parfois à la fin du tome II du *Cousin de Mahomet*, le plus souvent à la fin du tome IV de l'*Emile* de J.-J. Rousseau et, moins ceux-ci et le *Poëme du Bonheur* ajoutés à la suite des 39 vol. parus, indiquant sous presse les mêmes ouvrages ; cette réimpression du premier catalogue est de janvier 1781.

N° 1 *ter*. — Février 1781.

Spécial pour *la Henriade* de Voltaire et toujours à la fin de ce volume ; mentionnant la *Dunciade* avec les mêmes ouvrages sous presse, à l'exception des *Bijoux indiscrets* et de *la Henriade* intercalés après les volumes parus précédemment ; dernier tirage en février 1781 du Catalogue N° 1.

N° 2. — Mars 1781.

Aux deux dernières pages, après la table, intégrant avec les *Poésies* de M. le M¹⁵ de La Fare, et, sauf le mot Catalogue en tête, avis identique portant à 50 les volumes parus ; il indique encore sous presse :

Les Œuvres choisies de Piron, 3 vol.

Les Œuvres de Jean-Baptiste Rousseau, 3 vol.

Les Œuvres de Mathurin Regnier.

Poésies de Sapho.

Joannis... 2 vol.

On ne néglige rien pour rendre cette collection, etc., etc.

DEUXIÈME SÉRIE

Avril 1781 — Juillet 1782.

Avis aux amateurs.

Il s'imprime à Paris une superbe *collection* de petits formats en beau papier, belle impression, belles gravures et en tout supérieure à celle imprimée à Lyon; elle contient déjà plus de 64-70 vol. tant des poëtes françois que d'autres ouvrages d'agrément et d'amusement, et elle se continue toujours. Tous ces ouvrages se vendent séparément et à un prix modique eu égard à la beauté des éditions.

Volumes qui paroissent.

(Nomenclature disposée comme à la première série, où les volumes parus s'intercalent suivant leur genre entre les ouvrages publiés; — suppression du prix en livres et sols.)

Tous ces ouvrages sont reliés en veau, écaille, dorés sur tranche ou brochés en carton et papier doré. On peut se les procurer chacun séparément.

Collection des Œuvres de J.-J. Rousseau,

faite sur l'édition de Genève, etc. (Comme à la première série dont les catalogues annoncent *la Nouvelle Héloïse* avec 14 gravures et ceux de la seconde avec 12.)

No 1. — Avril 1781.

Imprimé sur les trois dernières pages du cahier Z finissant le tome V de *la Nouvelle Héloïse*, intégrant au volume, il annonce que la collection en contient 64; et c'est effectivement le total que l'on trouve à ce catalogue. Mais les œuvres de J.-B. Rousseau n'étant qu'en deux volumes et non en trois, comme il l'indique après tous les catalogues de la première série, il n'y avait que 63 volumes publiés et non 64.

Ouvrages sous presse.

La suite des Œuvres de J.-J. Rousseau.
Les Œuvres choisies de Piron, 3 vol.
Les Œuvres de Mathurin Regnier, 1 vol.
Recueil des Romans de Voltaire, 3 vol.
Contes de la Fontaine et poésies diverses, 3 vol.

Et généralement tous les ouvrages agréables.

On ne néglige rien, etc. (Comme à la première série.)

On donnera tous les ans 15 à 18 volumes qui augmenteront successivement cette collection et qui sera une des plus belles, des plus commodes et des plus complètes qui aient jamais paru en France. Elle sera composée des œuvres des plus célèbres poëtes, des meilleurs romans et autres objets des plus agréables.

N° 2. — Juillet 1781.

Ajouté au tome II des *Contes* de la Fontaine à la fin; spécial et imprimé comme le N° 1 de la première série en quatre pages dont la dernière indique des *Articles particuliers en vente*, sans rapport avec la collection; l'avis en tête annonce encore, comme le précédent, 64 volumes, et les trois premières lignes des *Ouvrages sous presse*, aussi les mêmes, sont suivies de

Richardet, poëme, 2 vol.

Mémoires de Grammont, 2 vol.

Poésies diverses de la Fontaine, 1 vol.

Et généralement, etc. (Comme au N° 1.)

N° 2 *bis*. — Octobre 1781.

Avec les *Mémoires* de Grammont, au tome Ier et souvent à la fin du tome II; semblable au précédent, mais à l'avertissement en tête annonçant 70 vol.; les *Ouvrages sous presse* étant toujours les mêmes, moins *Richardet* et les *Mémoires* de Grammont.

N° 2 *ter*. — Janvier 1782.

Souvent au tome Ier de la *Vie de Marianne* et exceptionnellement à la fin du tome III des Œuvres choisies d'Alexis Piron; ne diffère du N° 2 *bis* que par l'intercalation dans les *Volumes qui paroissent* de la *Vie de Marianne*.

Ces catalogues N° 2, 2 *bis* et 2 *ter* ont, comme les N°s 1, 1 *bis* et 1 *ter* de la première série, la 4e page réservée aux *Articles particuliers en vente* étrangers à la collection.

N° 3. — Avril 1782.

Parfois, à la fin des *Amours de Psyché*

ses *Ouvrages sous presse* sont encore les trois premiers des catalogues précédents, suivis des

Poésies diverses de la Fontaine, 1 vol.
Les Saisons, poëme, 1 vol.
Et généralement, etc.

No 4. — Juillet 1782.

Toujours à la fin des *Pièces fugitives* de Voltaire, il y doit faire partie du dernier cahier Ee. Après l'indication des volumes parus de la collection des Œuvres de J.-J. Rousseau : « Toutes les œuvres « de cet auteur seront finies d'être imprimé (*sic*) dans le courant du mois d'août prochain. »

La page 4 commence ainsi :

Ouvrages sous presse.

La suite des Œuvres de J.-J. Rousseau.
Les Œuvres de Mathurin Regnier, 1 vol.
Et généralement, etc. (comme à tous les catalogues de cette série dont il est le dernier.)

TROISIÈME SÉRIE

Octobre 1782 — Avril 1783.

Les catalogues de cette série, indépendants mais spéciaux, sont exclusivement avec les romans de Le Sage et sur le même papier que ces deux seuls ouvrages dans la collection où l'on puisse les rencontrer.

N° 1. — Octobre 1782.

Au tome II de l'*Histoire de Gil Blas de Santillane.*

N° 1 *bis.* — Janvier 1783.

A la fin du tome IV du même roman.

Avis aux amateurs.

On vient de terminer la petite *Edition* des œuvres de J.-J. Rousseau, en 29 vol. petit format, avec de très-jolies figures. Cette édition se vendra par parties dans l'ordre qu'elle a été imprimée ci-après, avec le prix, reliée :

L'Emile, 4 vol., 14 liv.
Nouvelle Héloïse, 7 vol., 21 liv.

Confessions, 3 vol., 9 liv.

Pièces diverses, 4 vol., 12 liv.

Mélanges, 6 vol., 18 liv.

Dialogues, 2 vol., 6 liv.

Considérations sur la Pologne,
Contrat social,
Discours sur l'inégalité des con- } 3 vol., 9 l.
　ditions,

Les personnes qui ont pris quelques-uns des volumes ci-dessus sont priés (sic) de prendre la suite avant la fin de février prochain ; passé ce temps, il ne sera plus possible de vendre ni de fournir séparément les volumes de la collection des œuvres ci-dessus.

Catalogue des poëtes et autres ouvrages qui paroissent dans le même format, avec le prix, reliés en veau, trois filets, bord et bordure, dorés sur tranche.

(Nomenclature avec le prix en livres et sols comme à la première série. Au bas de cette page :)

Nous avons donné des Œuvres de Voltaire, six vol. de ses poésies, y compris sa *Henriade*.

De plus, ses romans et contes philosophiques, 3 vol.　　　　　　　　　　9 liv.

Son Théâtre complet paroîtra incessamment en 8 vol.   24 liv.

Après ces volumes, on donnera encore huit à dix vol. les plus piquants des œuvres de cet auteur.

(La suite du catalogue est dans l'ordre des deux séries précédentes, à la fin) : *Aventures plaisantes de Gusman d'Alfarache*, 2 vol. sous presse.

Morale de Confucius, 1 vol. sous presse.

On donnera tous les ans 15 à 18 volumes, etc. (comme à la seconde série).

Nº 2. — Avril 1783.

Avec le tome Iᵉʳ des *Aventures plaisantes de Gusman d'Alfarache* ; après les volumes de la petite édition des œuvres de J.-J. Rousseau, il est ainsi modifié :

« Les personnes qui ont pris quelques-uns des volumes ci-dessus, sont priés (*sic*) de prendre la suite avant la fin de septembre prochain ; passé ce temps, etc. »

On vient aussi de donner 17 vol. des œuvres choisies de Voltaire, que l'on vendra séparément, savoir :

Son *Théâtre*, 8 vol., 24 liv.

Ses romans philos. en prose, 3 vol.

Henriade, 1 vol., 3 liv.

Poésies en 5 vol., fig., 18 liv.

Nota. Le *Théâtre* de Voltaire que nous annonçons ici en 8 vol. contient quatre pièces de plus que l'édition annoncée en 10 vol.

Catalogue des poëtes et autres ouvrages, etc. (comme au précédent, sauf de petits changements dans l'ordre où les poésies de La Fare, en double emploi, sont aux lignes 11 et 24 de la page 3 ; et finissant ainsi :)

Dans le courant du mois de juin prochain, paroîtront les chefs-d'œuvre de Pierre et Thomas Corneille, 5 vol.

Les Œuvres choisies de Saint-Réal, 4 vol.

Lettres d'une Péruvienne, auxquelles on a joint *Cénie*, 2 vol.

On donnera tous les ans 25 à 30 vol., etc.

QUATRIÈME SÉRIE

Juillet 1783 — Décembre 1784.

L'avertissement en tête, qui change à chaque série et prend neuf lignes aux catalogues de la première et de la seconde, est supprimé dans celle-ci comme dans la précédente, où le prix des ouvrages reparaît après sa suppression à la seconde série seulement. Les ouvrages parus se succèdent dans cet ordre : 1° *Recueil de Contes* ; 2° (Euvres de J.-J. Rousseau ; 3°de Voltaire ; 4° de la Fontaine ; ensuite des poëtes et des prosateurs.

La *Petite Bibliothèque des Théâtres* est annoncée à la fin de cette liste commençant aussitôt après les trois mots : *Avis aux amateurs.*

N° 1. — Juillet 1783.

A la fin du tome IV des Œuvres choisies de Saint-Réal, deux feuillets indépendants dont la quatrième page est terminée, après les sept lignes annonçant pour la première fois la *Petite Bibliothèque des Théâtres*, par : On donnera tous les ans 25 à 30 volumes, etc... les sept lignes finales de tous les catalogues de la seconde et de la troisième série.

N° 2. — Octobre 1783.

Quelquefois à la fin du tome III des Chansons choisies, il annonce au milieu de sa page 4 : « Sous presse : Molière, 6 vol.

L'on pourra s'adresser chez le même libraire pour la souscription de la *Bibliothèque des Théâtres*, etc. (13 lignes qui terminent ce catalogue).

N° 2 *bis*. — Même date.

Toujours à la fin du tome II des *Lettres Persanes*, (accidentellement avec le tome Ier de cet ouvrage). Il ne diffère du précédent que par une ligne annonçant au milieu de la page 4, après : Sous presse : Molière, 6 vol.

Caractères de la Bruyère, 2 vol.

L'on pourra, etc.

N° 3. — Janvier 1784.

Toujours au commencement ou à la fin de *Geneviève de Cornouailles*, spécial pour ce roman, et imprimé sur sept pages au lieu de quatre, ainsi que chaque catalogue indépendant antérieur ; il annonce à la page 6 :

Sous presse.

Œuvres de Molière, 6 vol.

Lettres angloises ou *Histoire de Miss Clarisse Harlowe*, 10 vol., fig.

Grandisson, 6 vol.

Les Caractères de la Bruyère, 3 vol.

Laure et Felino, et *la Leçon d'Amour* ou *les dix Tableaux*, 1 vol.

Filli di Sciro, 1 vol.

Il Pastor Fido, 1 vol.

L'Adone del Marino, 4 vol.

Gierusalemme liberata, 2 vol.

L'on pourra, etc.

N° 4. — Avril 1784.

Rare au tome II des Œuvres de Fontenelle, et spécial pour le *Voyage sentimental, en France*, un volume à la fin duquel il est toujours ; sa quatrième page indique intercalé dans les derniers ouvrages parus: Sous presse: Molière, 7 vol.

Et trois lignes après :

Petite Bibliothèque des Théâtres, ornée de portraits, etc.

N° 5. — Juillet 1784.

A la fin du tome VII des Œuvres de Molière et spécial pour ce volume ; en tête de la nomenclature, après les trois mots : *Avis aux amateurs :*

Catalogue des petits formats qui s'impriment à Paris et qu'on prie de ne pas confondre avec ceux qui s'impriment à Lyon.

Liste, où le *Recueil de Contes* est omis, se terminant à la page 4, après tous les ouvrages parus, par :

Sous presse.

Aventures de Robinson Crusoé, 4 v., fig.
Cette collection sera augmentée de plusieurs volumes toutes les années.
L'on pourra, etc.

N° 6. — Même date.

Six pages toujours à la fin des Romans de Mayer, *Laure et Felino*, etc., faisant partie de ce volume, le dernier ouvrage paru, après lequel : « On donnera dans le courant de l'année 4 volumes contenant des romans du même auteur. »

Sous presse.

Aventures de Robinson Crusoé, fig.

Clarisse Harlowe, 10 vol., fig.

Bibliothèque des Théâtres, ornée de portraits, contenant 13 vol. in-18 par année. Prix de la souscription, 36 liv. par la poste.

On pourra s'adresser à Paris, maison de M. Valade, imprimeur, rue des Noyers, pour se procurer la collection ci-dessus :

On trouvera chez le même libraire : Œuvres de miss Burney, 10 vol. in-18 dont :

Evelina, 3 vol.

Cécilia, 7 vol.

N° 7. — Octobre 1784.

Avec les *Considérations sur les Mœurs*, par Duclos, et plus souvent à la fin du tome II de *La vie et les opinions de Tristram Shandy*, le dernier de sa liste des ouvrages publiés, suivi d'une première annonce de la *Petite bibliothèque de Campagne*, ou collection des romans, dans le format in-18. Cette collection, composée de 24 volumes, petit format, contient les ouvrages suivants :

(Dix lignes mentionnant les œuvres de Fielding et Werther.)

Sous presse.

Aventures de Robinson Crusoé, fig.
Clarisse Harlowe, 10 vol., fig.
Œuvres de Regnard, 4 vol.
Lettres de Grandisson, 6 vol., fig.
  On trouve chez le même libraire.
Œuvres de miss Burney (comme au précédent).
Histoire des Allemands, etc. (3 lignes).
Petite Bibliothèque des Théâtres, etc.
Nota. — La première année de souscription de cet ouvrage vient de finir.

CINQUIÈME SÉRIE

1785.

Collection de petits formats, contenant (227) 230 volumes en beau papier, belle impression, belles gravures, et en tout supérieure à celle de Lyon. Tous ces ouvrages se vendent séparément. On donnera tous les ans 30 à 40 volumes nouveaux. Cette collection deviendra précieuse tant pour le choix des ouvrages que pour la beauté des éditions.

N° 1. — Janvier 1785.

Très-rare à la fin du *Poëme de la Religion*; nomenclature en quatre feuillets identique à celle en deux feuillets du catalogue précédent (dernier de la quatrième série, n° 7), moins *Robinson Crusoé*, mêmes ouvrages sous presse et finissant p. 7 par *Histoire des Allemands* (4 lignes).

Histoire de l'ordre Teutonique (4 lignes).

Bibliothèque des Théâtres (16 lignes).

N° 2. — Avril 1785.

Au commencement du tome I, plus souvent à la fin du tome III des Œuvres de Crébillon. Nouveau classement de la nomenclature commençant par le théâtre, ensuite les poëmes et les contes parmi les poésies ; au milieu des prosateurs, après les *Lettres persanes* au bas de la page 4 : *Sous presse. L'Esprit des Loix*, et un choix des ouvrages de cet auteur ; puis.

les moralistes. Après la *Petite Bibliothèque de Campagne* :

Sous presse.

Théâtre de MM. Piis et Barré.

La suite du Tristram Shandy, fig.

Histoire de sir Charles Grandisson, fig.

La mort d'Abel.

Nouveau Voyage sentimental, par M. de Gorgy, sous le nom d'Yorick, nouvelle édition beaucoup augmentée.

Choix de petits romans de différents genres, par M. L. M. D. P.

On trouvera chez le même libraire :

Œuvres de miss Burney (5 lignes).

Bibliothèque des Théâtres (14 lignes).

N° 3. — Juillet 1785.

Quelquefois à la fin du tome IV de la *Vie de Tristram Shandy* ou du tome III des Œuvres de Gessner, réimprimées.

Sous presse.

Choix de poésies, traduites du grec, du latin et de l'italien. *Sur manuscrit.*

Mes Bagatelles, ou les Hochets de ma

jeunesse, par M. Vernes le fils. *Sur ma-nuscrit.*

Œuvres galantes et amoureuses d'Ovide.

Histoire de sir Charles Grandisson, fig.

Choix de petits romans de différents genres, par M. L. M. D. P.

On trouve, etc. Œuvres de miss Burney et *Bibliothèque des Théâtres* (comme au précédent), puis l'annonce de la collection

1° Des Poëtes italiens. (7 lignes).

2° Des Poëtes anglais. (10 lignes).

N° 4. — Octobre 1785.

Avec la réimpression des Œuvres complètes de Bernard; tous les mêmes ouvrages sous presse et à la suite des 14 lignes de la *Bibliothèque des Théâtres*, six lignes annonçant les années 1785 et 1786 des *Étrennes de Polymnie* avec les paroles et la musique gravées. La collection des Poëtes italiens termine ce catalogue à la suite duquel un feuillet annonce la nouvelle édition des Œuvres de Shakespeare et un second feuillet les Poëtes anglais.

N° 5. — Décembre 1785.

Très-souvent à la fin des Poésies de M. Vernes fils; sauf ce volume, encore les mêmes sous presse avec toute la suite du précédent et les deux feuillets, l'un des poëtes anglais, l'autre de la nouvelle édition des Œuvres de Shakespeare.

L'*Esprit des Loix* et un choix des ouvrages du même auteur sont toujours sous presse, — page 4 — aux N°ˢ 2, 3, 4 et 5 ci-dessus imprimés sur huit pages indépendantes des volumes avec lesquels on les rencontre assez souvent et, formant la dernière série périodique régulière du catalogue dont l'interruption marque un arrêt pour la collection de Paris abandonnée, après la mort de Valade, à Cazin qui, seul, la laisse aussitôt péricliter. Après quelques ouvrages depuis longtemps annoncés, des éditions hétérogènes sans gravures succèdent aux impressions suivies de ces catalogues en petit format que l'on ne rencontre, intégrants à deux volumes seulement, que quatre ans plus tard; devancés en 1788 par une feuille in-4.

COMPLÉMENT

Catalogues divers pouvant, réunis à la feuille de 1793, former une série supplémentaire ou complémentaire avec cet en-tête commun tout à fait spécial pour la plupart d'entre eux :

1789

CATALOGUE

De petits formats, qui se trouvent à Paris, rue des Maçons, n° 31, contenant plus de 300 volumes, en beau papier, belle impression, belles gravures, et en tout supérieurs à celle de Lyon. Tous ces ouvrages se vendent séparément ; on donnera tous les ans 15 à 18 volumes. Cette collection deviendra précieuse, tant par le choix des ouvrages que par la beauté des éditions. On peut faire un très-joli choix des ouvrages qui la composent, pour les étrennes, soit reliés en maroquin, ou reliure ordinaire.

5

N° 1.

Feuille in-4° à deux colonnes, 1788. Liste des ouvrages parus suivant l'ordre de la série précédente, finissant au verso par la collection des poëtes italiens entre la petite bibliothèque de Campagne et les œuvres de Miss Burney; puis dix grandes lignes en italique pour la *Bibliothèque des Théâtres*, années 1784 à 1787, etc., suivie d'autres ouvrages sans rapport avec le petit format (1).

N° 2.

Faisant partie du second volume du *Voyage sentimental*, après les Lettres

---

(1) Une autre feuille in-4° du magasin de librairie, rue des Maçons, n° 31, annonçait :

  1° Livres divers (*première moitié du recto*);

  2° Nouvelle édition des œuvres de Shakespeare;

  3° Poëtes anglais.

Ces deux dernières publications détaillées comme aux feuillets en petit format qui accompagnent les catalogues n°⁵ 4 et 5 de la cinquième série, où se résume l'annonce de là fin du tome 2 des *Pensées* de Pascal, pages 209 à 210.

d'Yorick à Elisa et la table, pages 244 à 250;
puis, deux pages en italique qui finissent
par la collection des poëtes anglais, le
Théâtre de Shakespeare, etc.

N° 3.

A la fin de l'*Aminte* du Tasse. Traduction nouvelle, par M. Fournier de
Tony, à Londres M.DCC.LXXXIX ; continuant et terminant le volume, après l'approbation, de la page 165 à 176, fin du
catalogue ; il indique sous presse :

Aabba, ou le Triomphe de l'Innocence,
1 vol. in-18 ;

Poésies du *Comte d'Aguillar*, 1 vol.
in-18.

N° 4. (Complémentaire.)

Feuille imprimée à Reims, sur deux colonnes, in-4°, mentionnée par Ferdinand
Denis et transcrite *in extenso*, sinon tex-
tuelle, avec le titre de « Pièces justifica-
tives » dans *Cazin, sa vie et ses éditions*,
pages 162 à 171. Elle indique plus de
350 volumes avec la collection des Poëtes

italiens intercalée entre : « L'*Emile* et
« *la Nouvelle Héloïse* sont actuellement
« sous presse et paraîtront d'ici à quelques
« mois, » et

« *Articles sous presse.*

« *Passions du jeune Werther,* 1 vol.
« *Contes moraux de Marmontel,* 3 vol.
« *Œuvres de Michel Cervantes,* 19 vol. »

DERNIERS CATALOGUES.

Premier supplémentaire.

Catalogue in-8° de l'an IX. Pages 21 à
24, suivant l'ordre alphabétique :

« *Collection des petits formats Cazin,*
« *contenant 292 vol. brochés.* »

« De toutes les collections de petits formats
« données jusqu'à ce jour, celle que nous annon-
« çons aujourd'hui est la seule qui ait été cons-
« tamment accueillie de la France et de l'étran-
« ger, et qui présente dans son ensemble la réu-
« nion de nos meilleurs littérateurs, et de quel-
« ques-uns des chefs-d'œuvre de l'étranger pas-
« sés dans notre langue. Correction soignée,
« beauté d'exécution et de papier, tout concourt
« à lui conserver un rang bien supérieur à tou-
« tes celles faites à son exemple, et dont la plu-
« part n'ont de commun avec celle-ci que la
« forme.
« Dès ce moment, etc. »

Second supplémentaire.

Catalogue in-4° de 1806, réimprimé en 1807 avec note en tête : « *AVIS*. Lorsque « nous publiâmes ce catalogue, en décem- « bre dernier, 1806, etc... Paris, le 30 « janvier 1807. — Crapart, Caille et Ra- « vier, Syndics et libraires. »

Au milieu de la page 6 :

« *Collection* des petits formats *Cazin*, « appartenant aux sieurs Crapart, Caille « et Ravier. »

Division en quatre classes, avec l'ordre alphabétique ; collection des auteurs ita- liens entre la troisième et la quatrième classe. Une autre réimpression pour join- dre aux volumes se retrouve à la fin des Chefs - d'œuvre de Pope, 1807 ; deux feuillets indépendants, en petit format, ne mentionnant que trois classes ; la col- lection des auteurs italiens entre la se- conde et la troisième :

1re classe 181 volumes à 1 fr.
2e id. 54 id. 1,50
Italiens 18 id. 1,50
3e classe 39 id. prix divers.
_____
Total : 292 volumes, comme au pre-

mier supplémentaire ci-dessus; le catalogue complémentaire précédent, n° 4
(feuille in-4), comprenait 368 volumes
ainsi divisés :

1° Théâtres,	41	volumes
2° Poésies, etc.	154	id.
3° Romans,	70	
4° Bibliothèque de Campagne, etc.	} 33	id.
5° Œuvres de Miss Burney,		
6° id. de Montesquieu,	7	id.
7° id. de Fontenelle,	7	id.
8° id, de J.-J. Rousseau,	38	id.
9° Poëtes italiens,	18	id.

Total 368

Ouvrages avec lesquels on trouve les
catalogues selon l'ordre de la publication.

PREMIÈRE SÉRIE

(1780-1781.)

1. *L'Emile* de J.-J. Rousseau, tome II,

1 *bis.* { *L'Emile* de J.-J. Rousseau, t. IV.
{ *Le cousin de Mahomet*, tome II.

1 *ter. La Henriade* de Voltaire.

2 Poésies de Lafare (*Intégrant*).

DEUXIÈME SÉRIE

(1781-1782.)

1. *La Nouvelle Héloïse* (*Intégrant*), t. V.
2. *Contes* de La Fontaine, tome II.
2 *bis.* *Mémoires* de Grammont, t. I ou II.
2 *ter.* { *Vie de Marianne*, tome I.
{ Œuvres choisies de Piron, tome III.
3. *Amours de Psyché.*
4. Pièces fugitives de Voltaire.

TROISIÈME SÉRIE

(1782-1783.)

1. *Histoire de Gil Blas*, tome II.
1 *bis.* *Gil Blas de Santillane*, tome IV.
2. *Gusman d'Alfarache*, tome I.

QUATRIÈME SÉRIE

(1783-1784.)

1. Œuvres choisies de Saint-Réal, tome IV
2. Chansons choisies, tome III.
2 *bis.* *Lettres persanes*, tome I ou II.
3. *Geneviève de Cornouailles.*
4. { *Voyage sentimental.*
{ Œuvres de Fontenelle, tome II.

5. Œuvres de Molière, tome VII.
6. *Laure et Felino.*

7. { *Vie de Tristram Shandy*, tome II.
{ *Considérations sur les mœurs.*

CINQUIÈME SÉRIE

(1785.)

1. *Poëme de la Religion,* tome I.
2. *Théâtre* de Crébillon, tome I ou III.

3. { *Vie de Tristram Shandy*, tome IV.
{ Œuvres de Gessner (réimpression).
{ tome III.

4. Œuvres de M. Bernard (réimpression).
5. Poésies de Vernes fils.

Série complémentaire.

1. *Feuille in-4°.* — 1788.
2. *Voyage sentimental*, tome II. — 1789.
3. *L'Aminte* du Tasse. — 1789.
4. *Feuille in-4°.* — 1793.

Dans plusieurs autres volumes de la collection on trouve les indications des catalogues souvent corroborées par des avis imprimés au verso du titre ou sur une page jointe à l'ouvrage.

LA
COLLECTION
PARISIENNE

IN-18 (CAZIN)

Publiés sans lacune à partir de la fin de 1780, jusqu'en décembre 1785;

Indicateurs exacts de tout ouvrage introduit dans la superbe collection en petit format in-18, des associés éditeurs, imprimeurs et libraires de Paris;

Corroborés par les avis au verso des titres, ou à la fin de plusieurs volumes, parfois sur un feuillet ajouté, cartonné;

En distribution permanente chez les libraires parisiens vendant des nouveautés;

5.

Divisés en cinq séries, mensuels à la première, trimestriels aux quatre séries suivantes;

Les catalogues périodiques embrassent toute l'époque ascensionnelle antérieure à la direction de Cazin, entre les mains duquel la collection fut abandonnée en 1785, date de l'établissement à Páris du marchand libraire rémois dont elle prit alors le nom.

Aux cinq séries de ces nombreux catalogues, les ouvrages, à tour de rôle, entrent aussitôt l'impression dans la nomenclature des *volumes qui paroissent*, ayant été au préalable annoncés *sous presse* à la suite de celle du catalogue précédent, Sauf de rares exceptions, quand la date du titre appelle un classement qui devance l'admission régulière, indiquant leur rang précis selon cette nomenclature, une succession correcte, embrassant tous les ouvrages, suivant l'ordre des publications s'établit très-rigoureusement de décembre 1780 jusqu'en 1786, au moyen des avis et des catalogues qui se corroborent réciproquement.

Toute équivoque est devenue impossible à l'aide du numéro d'ordre ci-après, sous lequel les éditions multiples d'un même ouvrage, ou ses réimpressions successives dans la grande collection parisienne (Cazin), se trouvent groupées et échelonnées. Outre le *bis*, le *ter*, etc., d'un numéro pour chacune de ses éditions nouvelles et réimpressions, les lettres *a*, *b*, *c*, marquent les divisions de l'ouvrage et les modifications que l'on rencontre encore au titre, à la rubrique; et la pagination indiquée évite toute espèce de confusion, non-seulement à l'égard de ces éditions diverses, mais aussi des petits formats, souvent avec la même date, d'une autre publication (1), n'appartenant pas à cette belle collection divisée en cinq périodes triennales bien distinctes.

L'aperçu sommaire, en tête de chaque période, établit le nombre et l'ensemble des ouvrages qui lui reviennent en propre;

(1) Une entre toutes les collections que l'on doit remarquer, très-antérieure à celles publiées par Cazin, fut éditée avec la rubrique GENÈVE, MDCCLXXVII, par les imprimeurs-libraires lyonnais Aimé de la Roche et Cᵉ.

Le catalogue suivant, des ouvrages en petit format in-24 de Lyon, se trouve intégrant au volume, à la fin du tome second des œuvres

guide, pour leur énumération, avec ses
tableaux de succession dont la base est
aux cinq séries du catalogue périodique,
en marquant du signe* ceux qui ne
sortent pas des presses de Valade, édités

choisies de J.-B. Rousseau et à la fin du tome
quatrième des œuvres de Vadé avant la musique
gravée.

•CATALOGUE

des ouvrages imprimés dans ce format.

Œuvres de Chaulieu, 2 vol.
Henriade, 1 vol.
Contes en vers, par Voltaire, 1 vol.
Poèmes, épitres et autres poésies de Voltaire,
1 vol.
Le Poëme du même en 18 chants, 1 vol.
Le Poëme du même en 21 chants, 1 vol.
Œuvres de Gresset, 2 vol.
Contes de La Fontaine, 2 vol.
Fables de La Fontaine, 2 vol.
Géorgiques de Virgile, 1 vol. avec la traduc-
tion en vers françois.
Les Saisons, de Saint-Lambert, 1 vol.
Œuvres de M. L. C D. B., 2 vol.
Poésies de La Fare, 1 vol.
Œuvres de Mathurin Régnier, 2 vol.
Œuvres de Bernard, 1 vol.
Œuvres de Boileau, 2 vol.
Poésies de Sapho, traduites en vers, suivies
de celles du chevalier de Parny, 1 vol.
Œuvres choisies de Piron, 2 vol.
Œuvres de Deshoulières, 1 vol.
Epîtres et lettres d'Héloïse et d'Abeilard,
2 vol.
Les Baisers de Dorat, et ceux de Jean Second,
1 vol.

en dehors de la collection pour ainsi dire, et précédant leur bibliographie, permet, dans les trois premières périodes surtout, de suivre, en l'expliquant, la marche progressive des petits formats in-18 de Paris, « en tout supérieurs, » selon l'en-tête des catalogues, « et qu'on

Œuvres choisies de J.-B. Rousseau, 2 vol.

Œuvres de Grécourt, 3 vol

Voyage de Chapelle et de Bachaumont, suivi de quelques autres voyages, 1 vol.

Poésies de Malherbe, 1 vol

Œuvres de Clément Marot, 2 vol.

Poésies de Dorat, 4 vol. (non compris les Baisers).

Imitation de J.-C. par Valart, 1 vol.

Œuvres de Gessner, 3 vol., avec 18 superbes figures.

Amours de Daphnis et Chloé, 1 vol.

Maximes et Pensées de La Rochéfoucauld, 1 vol.

Jérusalem délivrée, 2 vol., traduction nouvelle.

Œuvres choisies de Fontenelle et La Motte, 2 vol.

Œuvres de M. de Reyrac, 1 vol.

Les Saisons, de Tompson, 1 vol.

L'Esprit des Lois, 4 vol.

Les Lettres persanes, 2 vol.

Les Œuvres de Rabelais, 4 vol.

Les Œuvres de M. de Boufflers, 1 vol.

Chansons choisies, 4 vol., avec les airs notés.

Morceaux choisis de La Bruyère, 1 vol.

De Imitatione Christi, 1 vol.

Les Amours d'Ismène et d'Isménias, 1 vol.

Les Amours de Théagène et Chariclée, 2 vol »

« prie de ne pas confondre avec ceux qui
« s'impriment à Lyon. »

PREMIÈRE PÉRIODE.
(1777-1780)

Tout volume in-18 daté, sous la rubrique de Londres, de l'une des trois
années qui comprennent et précèdent
l'année 1780, imprimé avec un titre
courant entre filets sur le papier bleuâtre
ou teinte azurée employé plus particulièrement par l'imprimeur-libraire Valade,
éditeur principal, fondateur de la collection
parisienne, appartient à la période fondamentale antérieure aux catalogues de la
première série.

Une exception, pour cette réunion des
principaux signés distinctifs, se constate
au Recueil de contes et de nouvelles en
vers imprimé et publié à Liége. Deux
autres publications primitives se retran-
chent également de l'actif de l'imprimeur
de la généralité des ouvrages des premières périodes.

Etrangères aux presses de Valade,
après les quatre volumes du Recueil de
contes, les Œuvres de Grécourt, de même

en quatre volumes, s'ajoutent aux deux des Œuvres de Chaulieu qui portent encore exceptionnellement, comme aux éditions en petit format in-24 de Lyon, et aux contrefaçons : — A La Haye, chez Gosse Junior, libraire. MDCCLXXVII. Les nombreuses entraves dont la librairie était entourée, à cette époque où florissait le privilége, expliquent et justifient au besoin la rubrique et la date de quelques éditions antérieures, conservées comme pour maints autres ouvrages de cette collection au titre du Chaulieu publié, suivant toute analogie et toute vraisemblance, en même temps que le Grécourt daté de 1780.

Malgré l'inexactitude évidente de leur date, on place les deux volumes des Œuvres de Chaulieu en tête de la collection fondée en 1779, en divisant sa première période ainsi qu'il suit :

1° Publications avec vignettes à mi-page;

2° Ouvrages ornés des gravures de la collection lyonnaise in-24 et des éditions in-8 en copie inverse et réduite.

Généralement absentes sous les figures des vingt ouvrages de cette période, on ne trouve de bien rares signatures que dans le Recueil de contes, au bas de l'une des 116 vignettes dessinées et gravées par L. Dreppe, artiste liégeois; dans les *Contes moraux*, au portrait par C. N. Cochin et Dupin fils; enfin, dans les Fables de La Fontaine et les Œuvres de Gessner, aux frontispice, portrait, titres gravés, etc., par Marillier et Delvaux.

Cazin n'apparaît pas dans cette première période. Il fit toutefois graver son nom sur quelques-unes des planches qui lui furent cédées avec la collection par la veuve Valade, en 1785 (1), et l'on reconnaît facilement à cela leur second tirage.

(1) On peut croire que ce n'est qu'après coup que Cazin a fait mettre son nom sur les frontispices gravés de certains de ses volumes. Quand il a cru pouvoir se le permettre, il ne pouvait plus le mettre sur les titres imprimés, à moins de les faire réimprimer; mais il lui était facile de le faire graver sur la planche de cuivre. C'est ce que démontrent les nombreuses épreuves de ces frontispices qui ne portent pas le nom de ce libraire. On remarque aussi que dans les épreuves avec le nom, la lettre ancienne est pâlie, tandis que la rubrique : *Édition de Cazin*, est venue fort noire.

(N te de l'auteur de la dissertation bibliographique publiée § II de la première étude du petit format, page 12, et d'une biographie exacte de Cazin, ainsi que d'une monographie complète de ses petits formats, inédites.)

L'ordre, avec la date des vingt publications, s'établit pour la période de fon-
dation, de la manière suivante :

1777.

1. * Œuvres de Chaulieu....... vol. 2

1778.

2. * Recueil des contes en vers.. 4

1779.

3. Œuvres du C. de Bernis..... 2
4. Poëmes et épîtres de Voltaire 1

1780.

5. Contes moraux, de Marmontel 3
6. Bélisaire, id...... 1
7. Jérusalem délivrée.......... 2
8. Fables de La Fontaine....... 2
9. Saisons, de Tompson........ 1
10. Poëme de la Pucelle, en 18 ch. 1
11. Id. en 21 chants. 2
12. Contes en vers de Voltaire... 1
13. Amours de Daphnis et Chloé. 1
14. Lettres d'Héloïse et d'Abeilard. 2
15. * Œuvres de Grécourt....... 4
16. Œuvres de Gessner......... 3
17. Œuvres de Vergier......... 3
18. Œuvres de Gresset......... 2
19. Œuvres de Bernard......... 1
20. Fond du sac................ 2

Total des volumes....... 40

Bibliographie de la première période.

I

Œuvres de Chaulieu, d'après les manuscrits de l'auteur.

A La Haye, chez Gosse Junior, libraire. — M.DCC.LXXVII.

— Deux vol , une gravure non signée, portrait de GUILLAUME AMFRIE DE CHAULIEU, *né en 1639 au château de Fontenay en Vexin, mort à Paris le 27 juin 1720, âgé de 81 ans,* au tome premier, XII et 3.o pages; tome second, 257 pages.

II

Recueil des meilleurs contes en vers.

— Faux titre réunissant les quatre vol., 117 gravures, vignettes de *L. Dreppe,* à mi-page, édités à Liége avec la rubrique : *A Londres,* M.DCC.LXXVIII, au bas des quatre titres encadrés suivants :

1 et 2. Contes et nouvelles en vers, par M. de La Fontaine. Tome premier, portrait de JEAN DE LA FONTAINE, *né à Château-Thierry, le 8 juillet 1621. Mort à Paris le 13 mars 1695, âgé de 74 ans,* et trente vignettes; tome second, trente-cinq vignettes, aux soixante premiers exemplaires tirés, celles des pages 105 et 119, sont interposées pour *Nicaise* et la *Courtisane.*

3. Contes et nouvelles en vers, par MM. Voltaire, Vergier, Sénecé, Perrault, Moncrif et le P. Ducerceau. Tome troisième, vingt-trois vignettes.

4. Contes et nouvelles en vers, par MM. Grécourt, Autereau, Saint-Lambert, Champfort, Piron, Dorat, La Monnoye et François de Neufchâteau. Tome quatrième, vingt-huit vignettes, celle de la page 15 est très-finement signée à gauche : *L. Dreppe, inv. et sculp.*

III

Œuvres complettes de M. le C. de B***, de l'Académie françoise, dernière édition.

A Londres. — M.DCC.LXXIX.

— Deux vol., une gravure non signée, portrait de FRANÇOIS-JOACHIM DE PIERRE DE BERNIS, *cardinal archevéque d'Alby, né le 22 mai 1715,* au tome premier, VIII et 231 pages; tome second, 168 pages.

III *bis.* (Réimpression. 3ᵉ période.)

Œuvres complettes de M. le C. de B***, de l'Académie françoise, nouvelle édition.

A Londres. — M.DCC.LXXXVI.

— Deux vol., une gravure, même portrait non signé au tome premier, 224 pages; tome second, 203 pages.

IV

Poëmes, épîtres et autres poésies, par M. de Voltaire.

A Londres. — M.DCC.LXXIX.

— Un vol., 246 pages, une gravure non signée, portrait de MARIE AROUET DE VOLTAIRE, *né à Paris le 20 février 1694, mort à Paris le 30 may 1778.*

V.

Contes moraux, par M. Marmontel, de l'Académie françoise.

A Londres. — M.DCC.LXXX.

— Trois vol., 27 gravures non signées, sauf le portrait de J.-F. MARMONTEL, DE L'ACADÉMIE FRANÇOISE, signé *C.-N. Cochin del. Dupin fils sculp.* au tome premier, en regard d'un titre gravé, plus neuf figures, une pour chaque conte; rubrique à Liége, au bas du titre imprimé; tome second, un titre gravé et neuf figures; tome troisième, un titre gravé et cinq figures.

VI

Bélisaire, par M. Marmontel, de l'Académie

françoise. (Epigr.) *Non miror, si quando impetum capit (deus) spectandi magnos viros colluctantes cum aliquâ calamitate.*

Senec. (*De Provid.*)

A Londres. — M.DCC.LXXX.

— Un vol., 368 pages, quatre gravures non-signées.

VI *bis*. (Réimpression. — 3e période.)

Bélisaire, par M. Marmontel, de l'Académie françoise (même épigraphe que ci-dessus).

A Londres. — M.DCC.LXXX.

— Un vol., 314 pages, quatre gravures, second tirage.

VII

Jérusalem délivrée, poëme du Tasse, nouvelle traduction.

A Londres. — M.DCC.LXXX.

— Deux vol., trois gravures non signées, un frontispice de Desrays et une vignette au tome premier, 342 pages; au tome second, 331 pages, une vignette.

VIII

Fables choisies, mises en vers par M. de La Fontaine.

A Londres. — M.DCC.LXXX.

— Deux vol., une gravure signée *Marillier inv.*, gravé par R. *Delvaux*, *1780*, front. « *La Vérité entourée de fleurs par la Fable*, » à la première partie, 264 pages; seconde partie, 285 pages.

IX

Les Saisons, poëme, traduit de l'anglais, de Thompson.

(Sans lieu ni date.) — Un vol., 315 pages, cinq gravures non signées, titre compris.

IX *bis*. (Réimpression. — 5e période.)

Les Saisons, poëme, traduit de l'anglais, de Thompson.

— Un vol., 280 pages, cinq gravures, second tirage, avec le titre sans lieu ni date.

X

La Pucelle d'Orléans, poëme héroï-comique en dix-huit chants. Nouvelle édition, sans faute et sans lacune, augmentée d'une épître, etc.

(Epigr.) *Non vultus, non color unus.*

A Londres. — M.DCC.LXXX.

— Un vol., 252 pages, une gravure non signée, portrait de JEANNE D'ARC.

X *bis*. (Réimpression. — 2ᵉ période.)

La Pucelle d'Orléans, poëme héroï-comique en dix-huit chants.

(Epigr.) *Non vultus, non color unus.*

A Londres. — M.DCC.LXXX.

—Un vol., 264 pag., même gravure, non signée, portrait de JEANNE D'ARC; suivie dans un certain nombre d'exemplaires d'une seconde en frontispice et d'une suite anglaise de dix-huit figures obscènes, une pour chaque chant; total, vingt gravures pour ces exemplaires.

X *ter*. (Autre réimpression. — 5ᵉ période.)

La Pucelle d'Orléans, poëme héroï-comique en dix-huit chants.

(Epigr.) *Non vultus, non color unus.*

A Londres. — M.DCC.XC.

— Un vol., 264 pages, avec la même gravure non signée, dernier tirage.

XI

La Pucelle d'Orléans, poëme en vingt-un chants, avec des notes, auquel on a joint plusieurs pièces qui y ont rapport.

A Londres. — M.DCC.LXXX.

—Deux vol., 22 gravures non signées, un frontispice et onze vignettes à mi-page, à la première partie, 218 pages; seconde partie, 180 pages, dix vignettes à mi-page.

Édition tirée aussi sur grand papier, format in-8, à petit nombre d'exemplaires.

XII

Contes et poésies diverses de M. de Voltaire.
A Londres. — M.DCC.LXXX.
— Un vol., 249 pages.

XIII

Les Amours pastorales de Daphnis et Chloé.
Escrites en grec par LONGUS, et translatées en
françois par JACQUES AMYOT.
A Londres. — M.DCC.LXXX.
— Un vol., 196 pages, une gravure front. non
signée. LES AMOURS PASTORALES DE DAPHNIS
ET CHLOÉ.

XIV

Lettres et épîtres amoureuses d'Héloïse et
d'Abeilard. Nouvelle édition.
A Londres. — M.DCC.LXXX.
— Deux vol., deux gravures non signées, portrait d'ABEILARD, au tome premier, XXIV et
211 pages, tome second VIII et 240 pages,
portrait d'HÉLOÏSE.

XIV *bis.* (Réimpression. — 3e période.)

Lettres et épîtres amoureuses d'Héloïse et
d'Abeilard, nouvelle édition.
A Londres. — M.DCC.LXXX.
— Deux vol., deux gravures non signées: portrait d'ABEILARD, *Edition de Cazin*, au tome
premier, XVI et 210 pages; tome second, VIII
et 228 pages, portrait d'HÉLOÏSE. *Edition de
Cazin.*

XV

Œuvres diverses de M. de Grécourt, nouvelle
édition, augmentée du Philotanus, de la Bibliothèque des damnés, etc., avec figures.
A Londres. — M.DCC.LXXX.
— Quatre vol., quatre gravures front. non
signées.

Tome premier, xvi et 439 pages, fig. Euterpe et Apollon.

Tome second, 380 pag., fig. Erato et l'Amour.

Tome troisième, 332 pages, fig. Polymnie et les Grâces.

Tome quatrième, 332 pages, fig. Grécourt et l'Esprit lié au pied d'un arbre.

XVI

Œuvres de M. Gessner.

— (Sans lieu ni date.) — Trois vol., dix-huit gravures signées : *Marillier inv. R. Delvaux sculp.*; un portrait de GESSNER, en regard d'un titre gravé et sept figures au tome premier, xx et 231 pages ; tome second, iv et 244 pages, un titre gravé et six figures; tome troisième, 310 pages, un titre gravé suivi d'une figure.

De nombreux exemplaires n'ont que quatre gravures, le portrait et les titres.

XVI *bis*. (Réimpression. — 3° période.)

Œuvres de M. Gessner.

—(Sans lieu ni date.)—Trois vol., quatre gravures, second tirage de celles ci-dessus, portrait de GESSNER, signé : *Gravé par R. Delvaux*, et titre au tome premier, xx et 265 pages; plus la table; tome second, vi et 289 pages suivies de la table, titre gravé; tome troisième, 355 pages, titre gravé, catalogue de juillet 1785, série 5°, n° 3.

Les 18 gravures second tirage de celles de la précédente édition ne se rencontrent qu'à très-peu d'exemplaires de cette réimpression.

XVII

Œuvres de Vergier.

A Londres. — M.DCC.LXXX.

—Trois vol., une gravure non signée, portrait de JACQUES VERGIER, *conseiller du roy, ancien commissaire de la marine.*

XVIII

Œuvres de M. Gresset.

A Londres. — M.DCC LXXX.

— Deux vol., une gravure non signée. *Par la corbleu que les Nonnes sont folles!...* Frontispice au tome premier, 320 pages; tome second, 312 pages.

XVIII *bis.* (Réimpression.— 3e ou 5e période.)

Œuvres de M. Gresset.

A Londres. — M.DCC.LXXXV.

— Deux vol., la même gravure non signée en frontispice, second tirage, avec les mots *Édition de Cazin,* ajoutés au bas de la planche, au tome premier, 320 pages; tome second, 336 pages.

XIX

Œuvres complètes de M. Bernard.

— (Sans lieu ni date.) — Un vol., 264 pages, une gravure titre, non signée.

XIX *bis.* (Réimpression. —3e période.)

Œuvres complètes de M. Bernard.

— (Sans lieu ni date.) — Un vol., 236 pages, même titre gravé non signé, second tirage, au bas sont ajoutés ces mots *Édition de Cazin.* Catalogue d'octobre 1785, série 5e, n° 4.

XX

Le Fond du sac, ou restant des babioles de M. X***, membre éveillé de l'Académie des Dormans.

(Épigr.) *Parvum proficiscere munus.*

A Venise, chez Pantalon-Phébus. - M.DCC.LXXX.

— Deux vol., dix gravures non signées: frontispice ou « portrait de l'auteur, » et cinq vignettes à mi-page, au tome premier; quatre vignettes à mi-page au tome second.

SECONDE PÉRIODE.
(1781-1784)

Transporté par Valade à la collection nouvelle, fondée à la fin de 1780 sous le titre de *Bibliothèque amusante*, imprimée aussi par lui dans le même petit format in-18 encore adopté, trois ans après, pour une autre *Petite bibliothèque des Théâtres*, sortie également des presses spéciales pour le format de poche, de cet imprimeur renommé; le titre courant entre filets supprimé pour la collection parisienne avec lequel les volumes de la période fondamentale se distinguent de tous les suivants, marque son entrée dans une autre période affranchie, en quelque sorte, de cette imitation du petit format in-24 de Lyon.

Par l'annonce ou l'avis au verso du titre et sur un feuillet cartonné, dans plusieurs volumes indiqués successivement sous presse avant d'être introduits, à mesure de l'impression, dans la nomenclature des ouvrages parus; selon la liste de chacune des quatre séries du catalogue régulier de cette grande période, on peut suivre assez rigoureusement l'ordre de ses publications conforme aux catalogues, indépendants comme intégrants, qui se trouvent avec l'ouvrage désigné par les caractères italiques dans les listes qui suivent, précédées des quelques lignes d'avertissement qu'ils ont tous en tête et qui les rattachent à la même série.

Edités sous l'avis semblable, ils furent publiés mensuellement dans la *première série*, et ce n'est qu'à partir du 24° ouvrage que le numéro d'ordre des publications datées de 1781 à 1785 de cette collection des petits formats de Paris se base sur les catalogues périodiques mentionnés avec l'ouvrage qui les renferme et sur les avis, annonces, etc., détaillés dans la bibliographie de la grande période au milieu de laquelle on voit poindre Cazin, dépositaire à Reims des ouvrages de la collection.

De même que pour Wan Harrevelt à Amsterdam, dont le nom figure imprimé à la rubrique du titre de ses quelques exemplaires du *Théâtre de Voltaire*, à partir de 1782 furent tirés, spéciaux pour Cazin, ceux du dépôt de Reims, c'est-à-dire un certain nombre de titres affectés au marchand-libraire rémois, de plusieurs ouvrages tels que *les Jardins*, *l'Art d'aimer d'Ovide*, *la Morale de Confucius*, et autres publications qu'il annonçait comme éditées par lui dans le *Journal de Champagne*, à l'égal de ses quatre ou cinq brochures in-8 ou in-12 antérieures à cette collection qui masquait son commerce de petits volumes prohibés, avec figures obscènes, et vendus sous le manteau.

Pour cette grande période, après Dupin le fils, Voysard, Duponchel, la généralité des portraits sont signés : gravés par Delvaux, dont le nom se trouve au bas des nombreuses figures de Moreau et de Marillier, comme celui de Duponchel aux figures de B. Chevaux, dans les ouvrages annoncés aux catalogues qui suivent tous ceux sous l'en-tête ci-après de la *première série*.

« CATALOGUE.

COLLECTION des petits formats, en beau papier, belle impression, belles gravures, et en tout supérieure à celle imprimée à Lyon : elle contient déjà 39 vol. tant des poëtes françois que d'autres ouvrages d'agrément et d'amusement, et elle se continue toujours. Tous ces ouvrages se vendent séparément, et à un prix modique eu égard à la beauté des éditions.

Prix en feuille pour le particulier. »

Volumes de la première période..... 40
21. Œuvres de Boileau............. 2
22. Œuvres de Deshoulières........ 1
23. Œuvres de Régnier............. 2
24. L'*Émile*, de J.-J. Rousseau (C.
     n°s 1-1 *bis*)................... 4
25. *Le Cousin de Mahomet* (C.
     n° 1 *bis*) 2
26. Poésies de M. Helvétius........ 1
27. * Les Bijoux indiscrets......... 2
28. *La Henriade* (C. n° 1 *ter*.)..... 1
29. *Poésies* de La Fare (C. n° 2.).... 1
30. La Dunciade................... 1
             Total............. 57

Le catalogue périodique devient trimestriel et forme, à partir d'avril 1781 jusqu'en juillet 1782, en portant l'en-tête suivant, la *deuxième série* :

AVIS

AUX AMATEURS

Il s'imprime à Paris une superbe COLLECTION de petits formats, en beau papier, belle impression, belles gravures, et en tout supérieure à celle imprimée à Lyon : elle contient déjà plus de (64 vol.) 70 vol., tant des poëtes françois que d'autres ouvrages d'agrément et d'amusement, et elle se continue toujours. Tous ces ouvrages se vendent séparément, et à un prix modique, eu égard à la beauté des éditions.

VOLUMES QUI PAROISSENT. »

Trois catalogues trimestriels (spéciaux pour l'annonce de la collection des œuvres de J.-J. Rousseau faite d'après la dernière édition de Genève (1), ornée des 26 figures signées : *Inventé par Moreau. Réduit, gravé par A. Delvaux*, et terminée avant la fin de l'année 1782), publiés en octobre 1782, janvier et avril 1783 sous l'avis suivant, forment la *troisième série.*

« AVIS

AUX AMATEURS.

On vient de terminer la petite EDITION des Œuvres de J.-J. Rousseau, en 29 vol. petit format, avec de très-jolies figures. Cette édition se vendra par parties dans l'ordre qu'elle a été imprimée ci-après, avec le prix reliée. »

(Détail des vingt-neuf volumes des œuvres de J.-J. Rousseau, suivis de dix-sept volumes des œuvres choisies de Voltaire au catalogue n° 2.)

« CATALOGUE *des Poëtes et autres ouvrages qui paroissent dans le même format, avec le prix, reliés en veau, trois filets, bord et bordure, dorés sur tranche.* »

(1) Comme les deux volumes de la *Pucelle d'Orléans* en 21 chants, les quatre volumes de l'*Emile* et les sept de la *Nouvelle Héloïse*, onze volumes seulement, furent tirés du format in-8 en nombre assez restreint; concurremment à l'édition des ŒUVRES CHOISIES DE J.-J. ROUSSEAU, publiées en 1780 en 15 vol. in-8, ornée de 26 figures de Marillier, imprimées avec de grandes marges en petits caractères, sous la rubrique A LONDRES, sans date.

134

Les catalogues trimestriels suivants, sauf celui du tome VII du Théâtre de Molière, où l'on trouve encore en tête : « *Catalogue des petits formats qui s'impriment à Paris, et qu'on prie de ne pas confondre avec ceux qui s'impriment à Lyon,* » n'ont ni cet avis ni l'un des précédents, de juillet 1783 à octobre 1784, pour la *quatrième série*.

	Vol. parus.......	134
61.	Œuvres de Saint-Réal (C. n° 1, t. IV)	4
62.	Œuvres de Mme de Grafigny.....	2
63.	Amours d'Ismène et d'Isménias	1
64.	Œuvres de P. et Th. Corneille.	5
65.	L'Art d'aimer, d'Ovide.........	1
66.	* L'Esprit, de Montaigne........	2
67.	Chansons choisies (C. n° 2, t. III)	5
68.	La Henriade travestie..........	1
69.	Lettres persanes (C. n° 2 bis.)....	2
70.	* Geneviève de Cornouailles (C. n° 3)	1
71.	Les Caractères de La Bruyère....	3
72.	Voyage sentimental (C. n° 4.)....	1
73.	Œuvres de Fontenelle (C. n° 4).	2
74.	Œuvres de Molière (C. n° 5, t. VII)	7
75.	* Laure et Félino (C. n° 6)......	1
76.	Olinde......................	1
77.	Maximes de La Rochefoucauld..	1
78.	Mœurs de ce siècle, par Duclos (C. n° 7)................	1
79.	Hippocratis Aphorismi.........	2
80.	Vie de Tristram Shandy (C. n° 7)	2

RÉIMPRESSION.

La Pucelle d'Orléans............	1
Total.......	180

Bibliographie de la deuxième période.

XXI

Œuvres de M. Boileau Despréaux.

A Londres. — M.DCC.LXXX.

— Deux vol., une gravure signée : *par Dupin le fils, 1780*. Portrait de BOILEAU. Au tome premier, 219 pages ; tome second, 180 pages.

XXII

Œuvres choisies de madame et de mademoiselle Deshoulières.

A Londres. — M.CC.LXXX.

— Un vol. XII-108 et 107 pages, tomaison double, une gravure non signée, portrait de «ANTOINETTE DE LA GARDE DESHOULIÈRES. »

XXIII

Œuvres de Régnier. Nouvelle édition, considérablement augmentée.

A Londres — M.DCC.LXXX.

— Deux vol., une gravure signée : *C. Duponchel sculp.*; portrait de « MATHURIN REGNIER, *né à Chartres, l'an 1573, mort à Rouen, en 1613.*» Au tome premier, 179 pages; tome second, 154 pages.

XXIV

Emile, ou de l'Éducation, par J.-J. Rousseau, citoyen de Genève.

a. A Londres. — M.DCC.LXXX (tomes I et II).

b. A Londres.— M.DCC.LXXXI (tomes III et IV).

— Quatre volumes, huit gravures, fig. de Moreau, par Delvaux, — trois au tome premier; deux au tome second, catalogue de décembre 1780 (rarissime), série Ire, n° 1 ; deux au tome troisième et une au tome quatrième, catalogue de janvier 1781, série Ire, n° 1 *bis*.

Tirés en nombre restreint sur grand papier

format in-8, les quatre volumes sont à la dernière date, M.DCC.LXXXI, avec catalogue n° 1 *bis*.

XXV

Le Cousin de Mahomet, orné de figures.
A Constantinople. — M.DCC.LXXXI.
— Deux volumes, six gravures non signées, trois
au tome premier; 198 pages; trois au tome second, 240 pages, catalogue de janvier 1781,
série 1re, n° 1 *bis*.

XXVI

Poésies de M. Helvétius.
A Londres. — M.DCC.LXXXI.
— Un volume, une gravure signée : *P. Dupin
l. f.*, portrait de « Cle Aen HELVÉTIUS, *né à Paris
en janvier 1715, mort à Paris le 26 décembre 1771.* »

XXVII

Les Bijoux indiscrets.
Au Monomotapa. — M.DCC.LXXXI.
— Deux volumes, sept gravures non signées, cinq
au tome premier, 220 pages; deux au tome second, 248 pages.

XXVIII

La Henriade, en dix chants, avec la dissertation sur la mort d'Henry IV, par M. de Voltaire.
A Londres, M.DCC.LXXXI.
— Un volume, 232 pages, une gravure non
signée, portrait de « HENRY IV, *Roy de France.* »
Catalogue de février 1781, série 1re, n° 1 *ter*.

XXVIII *bis.* (Réimpression. — 4e période.)

La Henriade, en dix chants, avec la dissertation sur la mort d'Henri IV, par M. de Voltaire.
A Londres. — M.DCC.LXXXIX.
— Un volume, 215 pages, la gravure non signée

des poëmes, épitres, etc., quatrième ouvrage de cette collection, portrait de « MARIE AROUET DE VOLTAIRE, etc. »

XXIX

Poésies de M. le marquis de La Fare. Nouvelle édition considérablement augmentée.

A Londres. — M.DCC.LXXXI.

— Un volume, 286 pag., une gravure non signée, fig., frontispice. Catalogue intégrant de mars 1781, série 1ʳᵉ, n° 2.

XXX

La Dunciade, poëme en dix chants. Nouvelle édition, revue, corrigée et enrichie d'un commentaire plus complet que tous ceux des éditions précédentes.

(Epigraphe) *Exegi monumentum.*

A Londres. — M.DCC.LXXXI.

— Un volume, une gravure signée : *Monnet pinxit. E. Voysard sculp.*, portrait de « CHARLES PALISSOT, *né à Nancy, en M.DCC.XXX.* »

XXXI

Œuvres de Rousseau. Nouvelle édition.

A Londres, — M.DCC.LXXXI.

— Deux volumes, une gravure signée : *Gravé par Delvaux*, portrait de « J.-B. ROUSSEAU, *né à Paris en 1669, mort à Bruxelles en 1741.* » Au tome premier, 252 pages; tome second, 276 pages.

XXXII

Recueil de poésies fugitives et contes nouveaux. Première partie.

A Londres. — M.DCC.LXXXI.

— Un volume.

XXXIII

Poésies de Sapho, suivies de différentes poésies dans le même genre.

A Londres. — M.DCC.LXXXI.

— Un volume, 140 pages, une gravure non signée, portrait de « SAPHO. »

XXXIV

La Nouvelle Héloïse, ou Lettres de deux amans, habitans une petite ville au pied des Alpes; recueillies et publiées par J.-J. Rousseau.

A Londres. — M.DCC.LXXXI.

— Sept volumes, douze gravures par Delvaux, des fig. de Moreau. Catalogue intégrant au tome V, d'avril 1781, série 2e, no 1.

Un certain nombre d'exemplaires sont tirés, comme l'Emile, en grand papier in-8, sans catalogue.

XXXV

Joannis Meursii elegantiæ latine sermonis seu Aloisia, Sigæa de arcanis Amoris et Veneris adjunctis fragmentis quibusdam eroticis. Nova editio emendatior.

Londini. — M.DCC.LXXXI.

— Deux volumes, une gravure signée: *B. Chevaux invenit. C. Duponchel sculp.*, front., « JUDICIUM VENERIS. » Au tome premier, xxx et 330 pages; tome second, 233 pages.

XXXVI

Contes et nouvelles, en vers, par J. de la Fontaine.

A Londres. — M DCC.LXXXI.

— Deux volumes, une gravure signée: *Gravé par Delvaux, 1780,* portrait de « JEAN DE LA FONTAINE, *né en 1621, mort en 1695.* » Au tome premier, 238 pages; tome second, 200 pages. Catalogue de juillet 1781, série 2e, no 2.

XXXVI bis. (Réimpression. — 4e période.)

Contes et Nouvelles en vers, par J. de La Fontaine.

A Londres. — M.DCC.XC (quelques exemplaires M.DCC.LXXX).

— Deux volumes, une gravure non signée, portrait de « JEAN DE LA FONTAINE. » Au tome premier, 224 pages : tome second, 224 pages.

Cette édition renferme aussi parfois vingt-cinq gravures signées les quatre cinquièmes : L. *Desrais inv.*, et datées de *1775 à 1779*, R. *Delvaux sculp.* ou J^c. *Deny*, ou *F.-A. Aveline*, etc., treize au tome I et douze au tome II.

XXXVII

Romans et contes de M. de Voltaire.

A Londres — M.DCC.LXXXI.

— Trois volumes, une gravure signée : *B. Chevaux inv., C. Duponchel sculp.*, *1781*, front. au tome premier, 353 pages ; tome second, 389 pages ; tome troisième, 356 pages, avis au verso du faux titre :

« *Ouvrages de* M. DE VOLTAIRE, *qui paroissent :*

La Henriade, 1 vol.

Poëmes et épîtres, 1 vol.

Contes et poésies diverses, 1 vol.

On donnera à la suite de ceux-ci une quinzaine de volumes des ouvrages du même auteur, qui seront un choix de ses œuvres. »

XXXVIII

Odes anacréontiques, contes en vers et autres pièces de poésie, suivies de Côme de Médicis, par M. Méro.

A Londres. — M.DCC.LXXXI.

— Un volume, une gravure signée : *C. Duponchel del. et sculp.*, portrait de « HONORÉ-JOSEPH MÉRO, *né à Cannes en Provence.* »

XXXIX

Mémoires du comte de Grammont, par le C. Antoine Hamilton.

A Londres. — M.DCC.LXXXI.

— Deux volumes, une gravure signée : *Ch. Duponchel del. et sculp.*, portrait de « Antoine comte Hamilton, *mort en France en 1720, âgé de 74 ans,* » au tome premier. Catalogue d'octobre 1781, série 2ᵉ, nᵒ 2 *bis*, souvent à la fin du tome second.

XL

Richardet, poëme.

A Lo..dres. — M.DCC.LXXXI

— Deux volumes, deux titres gravés, signés, Tome 1ᵉʳ : *Duponchel sculp.* Tome II : *B. Chevaux inv., Duponchel sculp.* Plusieurs exemplaires ont au second volume le titre, copie inverse de celui des œuvres complètes de M. Bernard, gravure non signée portant encore « Richardet, poëme. Tome 2ᵉ, Londres, M.DCC.LXXXI, » la planche primitive modifiée ayant formé le titre, front. des Saisons de Saint-Lambert, la quarante-septième publication ci-après.

XLI

La Vie de Marianne, ou les Aventures de Madame la comtesse de ***, par M. de Marivaux.

A Lo:dres. — M.DCC.LXXXII.

— Quatre volumes, quatre gravures signées : *B. Chevaux inv. C. Duponchel sculp.*, front. pour chaque tome ; au premier, 267 pages. Catalogue de janvier 1782, série 2ᵉ, nᵒ 2 *ter.* ; tome second, 279 pages ; troisième, 313 pages ; quatrième, 254 pages.

XLII

Œuvres mêlées de M. le chevalier de Boufflers et de M. le Mⁱˢ de Villette.

A Londres. — M.DCC.LXXXII.

— Un volume, VIII et 196 pages, une gravure signée : *B. Chevaux del. C. Duponchel sculp.*

Division de cette publication particulière :

a. Œuvres de M. le chevalier de Boufflers.
A Londres. — M.DCC.LXXXII.
Un volume, VIII et 84 pages avec la gravure.
b. Œuvres de M. le Mis de Villette.
A Londres. — M.DCC.LXXXII
— Un volume paginé de 87 à 196, suite du pré-
cédent.

XLII *bis*. (Réimpression. — 4ᵉ période.)

Œuvres mêlées de M. le chevalier de Boufflers
et de M. le marquis de Villette.
A Londres.. — M.DCC.LXXXII.
— Un volume, la pagination séparée est pour
Boufflers de 104 pages et pour Villette de
126 pages : plus facilement que l'édition précédente, elle permet d'isoler ces deux auteurs e
de former un petit volume avec chacun d'eux à
part ou deux volumes, à volonté.

XLIII

Les Amours de Psyché et de Cupidon, par
M. de La Fontaine.
A Londres. — M.DCC.LXXXII.
— Un volume, une gravure signée : *C. P. Maril-
lier, inv.* 1782., *C. Duvonchel, sculp.*, Catalogue
d'avril 1782, série 2ᵉ, nᵒ 3.

XLIV

Œuvres de Jean Racine, de l'Académie françoise.
A Londres. — M.DCC.LXXXII.
— Trois volumes, une gravure non signée, portrait de « JEAN RACINE. » Au tome premier,
352 pages ; tome second, 374 pages ; tome troisième, 371 pages, suivies de la table générale,
des œuvres de M. Racine.

XLIV *bis*.

(Edition de la Petite Bibliothèque des Théâtres.)
Œuvres de J. Racine.
A Londres. — M.DCC.LXXXVIII.
— Trois volumes, une gravure signée: *B San-*

terre pinx. R. Delvaux fecit, 1786, portrait de « JEAN RACINE, *de l'Académie française, né en 1639, mort en 1699.* » Au tome premier, XXII et 405 pages, sautant de 229 à 329; tome second, 249 pages; tome troisième, 339 pages.

XLV

Mémoires. (Faux titre de la publication suivante.)

1° Les Confessions de J.-J. Rousseau.

— Deux volumes, une gravure signée: *Peint par de la Tour, 1782, gravé par Delvaux,* portrait de « J.-J. ROUSSEAU, *mort le 4 juillet 1778, âgé de 66 ans.* » Au tome premier, 254 pages, au verso du titre :

« AVIS.

« Il paroît déjà des œuvres de Jean-Jacques Rousseau, l'Emile et la Nouvelle Héloïse, 11 vol. et 3 vol. de ses Mémoires. Sous peu on donnera, à la suite des Confessions, 2 vol. de ses Lettres. Dans les premiers jours de juin, on donnera 5 vol. de Mélanges et 1 vol. de ses théâtre et poésies diverses, et la suite de toutes ses œuvres dans le même format, imprimée d'après la dernière édition de Genève. » Au tome second, 290 pages.

2° Les Rêveries du promeneur solitaire.

— Tome troisième. (Un volume, 229 pages.)

A Londres. — M.DCC.LXXXII.

XLV *bis.* (Réimpression.— 3ᵉ période.)

Les Confessions de J.-J. Rousseau, t. I et II. Les Rêveries du promeneur solitaire, t. III.

A Londres. — M.DCC.LXXXVI.

— Trois volumes, la pagination et le portrait de l'édition ci-dessus.

XLV *ter.* (Première suite. — 4ᵉ période.)

Les Confessions de J.-J. Rousseau.

A Londres. — M.DCC.LXXXIX.

— Trois volumes, tome quatrième, 270 pages,

tome cinquième, 310 pages ; tome sixième, 246 pages, et clef des abréviations, 6 pages.

XLV *quater*. (Réimpression et complément. — 4ᵉ période.)

Seconde partie des Confessions de J.-J. Rousseau, citoyen de Genève.

Edition enrichie d'un nouveau recueil de ses Lettres.

a. Londres. — M.DCC.XC.

b. A Neuchâtel, de l'imprimerie de L. Fauche-Borel, imprimeur du Roi. — M.DCC.XC.

— Sept volumes, tome quatrième, XXXVI et 307 pages ; tome cinquième, 356 pages ; tome sixième, 400 pages ; tomes septième et huitième, 336 pages chacun ; tome neuvième, 328 pages ; tome dixième, 324 pages.

XLVI

Pièces diverses de J.-J. Rousseau.

A Londres. — M.DCC.LXXXII.

— Quatre volumes.

XLVII

Les Saisons, poëme. Nouvelle édition.

(Epigraphe) : « Puissent mes chants être agréables à l'homme vertueux et champêtre, et lui rappeler quelquefois ses devoirs et ses plaisir. ! » WIELAND.

A Londres. — M.DCC.LXXXII.

— Un volume, 187 pages, une gravure signée : *B. Chevaux inv., Duponchel sculp.,* front. titre « LES SAISONS, poëme » à la place de « Richardet, poëme, tome deuxième. »

XLVIII

Œuvres choisies d'Alexis Piron.

A Londres. — M.DCC.LXXXII.

— Trois volumes, une gravure signée : *Gravé par Delvaux,* portrait de « ALEXIS PIRON, né à Dijon, le 9 juillet 1689, mort à Paris le 21 janvier 1773. » Au tome premier, XII et 180 pages; tome second, 196 pages; tome troisième, 168 pa es, et, par exception, le catalogue de la 2ᵉ série, n° 2 *ter*.

XLIX

Les Jardins, ou l'Art d'embellir les paysages, poëme par M. l'abbé De Lille, de l'Académie françoise.

A Paris, de l imprimerie de Philippe-Denys Pierres, premier imprimeur ordinaire du Roi, rue S.-Jacques. — M.DCC.LXXXII.

— Un volume, 149 pages suivies de l'Approbation; l'on y trouve ordinairement quelques-u es de ces modificati ns principales : 1° Deux gravures, vignette non signée au milieu du titre gravé, et page 11, en regard du chant Iᵉʳ, figure signée : *Cochin inv. Laurent sc.*; 2° la première rubrique de son titre gravé remp acée ainsi :

A PARIS

Chez { VALADE, imprimeur-lib*, *rue des Noyers.*
{ CAZIN, libraire.

A RHEIMS
M.DCC.LXXXII.

3° Deux f ui lets ajoutés : « Noms des libraire chez lesquels on trouve le po me des Jardins. — PISSOT, quai des Augusti s. — VALADE, rue des Noyers, à *Paris.* — CAZIN, libraire, à *Reims.* » — « Corrections, etc. » 4° Au verso du faux titre : « Noms des libraires, etc. » 5° Au titre gravé : « Vᵉ éd tion. » Nouvelle modification de ce titre pour les éditions suivan es. 6ᵉ Carton : « AVIS. Beaucoup de perso nes étant empressées de voir finir la p tite collection d s œuvres de J.-J. ROUSSEAU on croit devoir les prévenir qu'il en paro t déjà seize volumes, avec de jolies gravures, qui sont : l'Emile, la Nouv lle Héloïse, les Mémoires et deux premiers volumes de

Pièces diverses. Le troisième et le quatrième volume des Pièces diverses paroîtront à la fin de ce mois. A la fin de juin prochain il paroîtra six volumes de ses Mélanges: on donnera la suite de cette collection pour le premier août suivant.

« Nous croyons aussi devoir prévenir qu'il paroît plusieurs volumes des œuvres de VOLTAIRE, savoir: ses Contes et Romans philosophiques, trois volumes; quatre volumes de ses Poésies: le cinquième et le sixième volume paroîtront dans le mois prochain. On donnera aussi son Théâtre en six ou sept volumes avec une jolie gravure à chaque pièce, et du même format que les œuvres de J.-J. Rousseau. Les personnes qui ignorent qu'il paroît beaucoup d'ouvrages dans le même format, avec de jolies gravures, peuvent s'en procurer la connoissance par le catalogue des Petits formats qui se distribue à Paris chez les libraires qui vendent les nouveautés. »

XLIX bis. (Première réimpression.)

Les Jardins, etc., 5e édition. — A Paris, chez, etc. (Titre gravé avec changements.)

— Un volume, la pagination, les gravures, etc., comme ci-dessus. Ses principales modifications sont: 1° Au verso du faux titre : « A Paris, de l'imprimerie de P.-D. Pierres, premier imprimeur ordinaire du roi, rue S.-Jacques; » 2° à la première page après le titre gravé : « Avertissement de la première édition; » 3° au bas de la page 149, en italique: « Cette édition ayant été presque achevée, etc. »

XLIX ter. (Seconde réimpression.)

Les Jardins ou l'Art d'embellir, etc.

— Un volume, la pagination des deux éditions précédentes avec le titre gravé et les modifications de la seconde, sauf le verso du faux titre sans aucun nom de libraire ou d'imprimeur, resté en blanc; ensuite : 1° le titre courant plus près du texte; en majuscules plus fortes; 2° un autre titre imprimé, qui parfois subsiste encore, avec cette mention : « VI° édition. — A Reims, chez Cazin, libraire. — 1785; » 3° la gravure des Amours d'Ismène et d'Isménias, remplaçant la figure de Cochin, etc.

XLIX *quater.* (Dernière réimpression.)

Les Jardins, etc., V° *édition.*
A Paris, *chez* Cazin, *libraire.* — 1791.
— Un volume, 138 pages, deux gravures; la vignette et le titre entièrement retouchés, et la figure d'Ismène et d'Isménias; ses autres différences après le titre gravé avec cette dernière modification à la rubrique, sont un second titre, portant comme celui qui fut coupé dans l'édition antérieure : « VI° éditi n. — A Reims, chez Cazin, libraire. — 1785, » et d s caractères d'impression n'appartenant pas à Ph.-D. Pierres, quoique cette dern ère édition de Cazi i soit terminée, ainsi que les précédentes, par une page pour l'approbation au bas de laquelle : « A Paris, de l'imprimerie de Philippe-Denys Pierres, premier imprimeur ordinaire du Roi, du collége Royal de France, etc., rue S.-Jacques. »
Suivie de la date 1782, cette mention termine également l'éditio i in-18, 155 pages, sans gravures, sortie aussi de presses étrangères, sous la même rubrique et la même date que les trois premières ci-dessus et que le plus grand nombre de celles in-12, aussi sans gravures, sauf celle datée de 1784 qui porte la vignette gravée du titre des in-18. Toutes ces éditions sont impaires, 1re, 3°, 5°, etc.; la 7° de 117 pages in-18 (Londres, 1792) n'a que la gravure d'Ismène et d'Isménias en frontispice.
Les autres éditions paires, 2°, 4°, sont celles in-8 indiquées dans les catalogues de la collection. Sur leur titre gravé : II° ou IV° édition, la

vignette est signée : *Laurent inv. et sculp.* même
rubrique et date au bas ; et la figure en regard
de la page 9, chant premier, dont la réduction se
trouve à l in-18, est signée : *Cochin inv. Lau-
ren sculp.* Leurs 141 pages suivies de celle de
l'approbation ont encore plusieurs modifications
entre elles comme celles des petits formats.

L

Œuvres choisies de M. de La Fontaine.
A Londres. — M.DCC.LXXXII.
— Un volume, « Eloge de La Fontaine, » 67 et
179 pages.

LI

Pièces fugitives de Voltaire.
A Londres. — M.DCC.LXXXII.
— Un volume, 326 pages, catalogue intégrant
de juillet 1782, série 2ᵉ, n° 4.

LII

Mélanges. (Faux titre aux six volumes suivants :)
1. Jean-Jacques Rousseau, citoyen de Genève,
à Christophe de Beaumont, archevêque de Paris,
duc de Saint-Cloud, pair de France, commandeur
de l'ordre du Saint-Esprit, proviseur de Sorbonne, et.
(Epigraphe) : *Da veniam,* etc., etc.
                        Aug. Epist. 238 Pascent.
Tome premier. Une gravure front. (21ᵉ fig.).
2. Lettres écrites de la Montagne, par J.-J.
Rousseau.
Tome second.
3. J.-J. Rousseau, citoyen de Genève, à
M. d'Alembert, de l'Académie françoise, de l'A-
cadémie royale des sciences de Paris, de celle
de Prusse, de la Société royale de Londres, de
l'Académie royale des belles-lettres de Suède et
de l'Institut de Bologne. Sur son article GENÈVE,

dans le septième volume de l'Encyclopédie, et
particulièrement sur le projet d'établir un thé.tre
de comédie en cette ville.

.(Epigraphe.)

Dii melio a piis, erroremque hostibus illum.

Tome troisième.

4. Discour, qui a remporté le prix à l'Académie de Di on, en l'année 1750, sur cette
question proposée par la même Académie : Si
le rétablissement des sciences et des arts a con-
tribué à épuier les mœurs.

(Epigraphe.)

Bai barus hic ego sum quia non int lligor illis.
OVID.

Tome quatrième.

5. Essais élémentaires sur la botanique, par
J.-J. Roussea .

Tome cinquième.

6. Théâtre et poésies diverses, par J.-J. Rousseau.

Tome sixième. — Trois gravures, 22e, 23e et
24e figure.

A Londres. — M.DCC.LXXXII.

LIII

Rousseau, juge de Jean-Jacques. Dialogues.
A Londres. — M.DCC.LXXXII.
— Deux volumes.

LIV

(*Œuvres politiques de J.-J. Rousseau.*)
— Trois volumes.

LIV *a.*

Considérations sur le gouvernement de Pologne et sur sa réformation projetée, par J.-J.
Rous eau.

A Londres. — M.DCC.LXXXII.
— Un volume, une gravure frontispice, 25e fig.

LIV b.

Du Contrat social, ou Principes du droit politique.

(Epigraphe.)

Fœderis æquas. Dicamus leges.

ÆNEID., XI.

— Un volume, 266 pages.

LIV b bis. (Réimpression. — 5e période.)

Du Contrat social, ou Principes du droit politique.

(Même épigraphe que ci-dessus.)

A Paris, chez Cazin, rue des Maçons, n⁰ 32.
— M.DCC.XCI.

— Un volume, 263 pages.

LIV c,

Discours sur l'origine et les fondements de l'inégalité parmi les hommes, par J.-J. Rousseau, citoyen de Genève.

(Epigraphe.) *Non in depravatis, sed in his quæ bene secundum naturam se habent, considerandum est quid sit naturale.*

ARISTOT. *Politic.*, l. I.

A Londres. — M.DCC.LXXXII.

— Un volume, une gravure : « *Il retourne chez ses égaux,* » 26e figure.

LV

Lettres de Ninon de Lenclos au marquis de Sévigné, avec sa vie.

(Epigraphe.)

Felix qui potuit rerum cognoscere causas!

VIRG. *Georg.*, l. II.

A Londres. — M.DCC.LXXXII.

— Deux volumes, une gravure non signée, portrait de « NINON DE LENCLOS, *née à Paris, morte le 17 octobre 1705, âgée de 90 ans.* »

Au tome premier, 243 pages ; tome second 231 pages.

LVI

Théâtre de Voltaire, augmenté de plusieurs pièces qui ne se trouvent pas dans les éditions précédentes.

a. A Londres. — M.DCC.LXXXII.

b. A Amsterdam, chez Wan Harrevelt. (Même date.)

— Huit volumes, une gravure non signée au tome premier, 365 pages ; tomes econd, 332 pages ; tome troisième, 325 pages ; tome quatrième, 392 pages ; tome cinquième, 445 pages ; tome sixième, 343 pages ; tome septième, 332 pages ; tome hu tième, 233 pages et le feuillet : « Avis AU RELIEUR. Le tome V étant trop fort, il faut mettre la dernière pièce, qui est *Irène*, à la fin du tome VIII. »

Publiée aussitôt après l'édition in-18 du Théâtre de Voltaire pour la Bibliothèque amusante, imprimée aussi par Valade en dix volumes, sur le titre : « Augmenté de deux pièces » des fleurons différents suivis des mêmes rubrique et date, avec une gravure signée : *La Chaussée sculp.* à chaque pièce ; on y trouve quelques modifications typographiques, telles que la notice avant la pièce augmentée et portée au verso, le mot ACTEURS au lieu de PERSONNAGES, des filets séparant chaque scène et par suite une pagination plus étendue où les pièces des sept premiers tomes édités pour la Bibliothèque amusante ont formé les cinq premiers tomes de la collection parisienne (Cazin), etc.

LVII

Voyage de Chapelle et Bachaumont, suivi de quelques autres voyages dans le même genre.

A Londres. — M.DCC.LXXXIII.

— Un volume, 200 pages, une gravure non

signée au frontispice avec cinq vers du *Voyage de Chapelle*.

LVIII

Histoire de Gil-Blas de Santillane, par M. Le Sage.

A Londres. — M.DCC.LXXXIII.

— Quatre volumes, 28 gravures non signées aux trois premiers tomes, signées : *Du Bercelle del. Jourdan sculp.* dans le dernier tome ; première partie, 285 pages, cinq figures ; seconde partie, 322 pages, dix figures, catalogue d'octobre 1782, série 3ᵉ, n° 1 ; troisième partie, 271 pages, cinq figures ; quatrième partie, 311 pages, huit figures, catalogue de janvier 1783, série 3ᵉ, n° 1 *bis*.

LIX

Les Aventures plaisantes de Gusman d'Alfarache, tirées de l'Histoire de sa vie, et revues sur l'ancienne traduction de l'original espagnol.

A Londres. — M.DCC.LXXXIII.

— Deux volumes, deux gravures non signées, frontispice à chaque volume, et tome premier, catalogue d'avril 1783, série 3ᵉ, n° 2.

LX

La morale de Confucius, philosophe de la Chine.

a. A Londres. — M.DCC.LXXXIII.

b. A Paris, de l'imprimerie de Valade, rue des Noyers ; et à Reims, chez Cazin, libraire. — M.DCC.LXXXIII.

Avec approbation et privilège du Roi.

— Un volume, une gravure signée : *G. P. Delvaux, tiré de la bibliothèque du Roy*, portrait de « CONFUCIUS, *le père des philosophes chinois, il naquit vers l'an 550 avant J.-C., mourut à 73 ans. Ses livres sont les règles de la morale et de la politique des Chinois, et l'étude principale de ceux qui veulent s'avancer aux premières dignités de l'empire.* »

Ce soixantième ouvrage publié dans la collection fut tiré à petit nombre encore en grand papier, format petit in-8, — un volume de 236 pages interlignées avec cette modifi.ation au bas du titre : De l'imprimerie de Valade ; et se trouve à Reims, chez Cazin, libraire. — M.DCC.LXXXIII.

LXI

Œuvres choisies de M. l'abbé de Saint-Réal.
A Londres. — M.DCC.LXXXIII.
— Quatre volumes, catalogue de juillet 1783, série 4ᵉ, nº 1.

LXII

Œuvres choisies de Mᵐᵉ de Grafigny, augmentées des lettres d'Aza.
A Londres. — M.DCC.LXXXIII.
— Deux volumes, une gravure signée. *Gravé p. Delvaux,* portrait de « Mᵐᵉ DE GRAFFIGNY, *née à Nanci, morte à Paris en 1758, âgée de 64 ans.* » Au tome premier, XII et 269 pages ; tome second, 250 pages.

LXIII

Les Amours d'Ismène et d'Isménias.
A Londres. — M.DCC.LXXXIII.
— Un volume. VIII et 130 pages, une gravure signée: *Marillier inv. Delvaux f.,* frontispice « *Ismène et Isménias.* »

LXIII *bis.* (Edition en anglais. — 4ᵉ période.)

Ismene and Ismenias, a novel translated from the French by L. H. Le Moine, Esq., first valet de chambre of his most Christian Majesty.
London, et se trouve à Paris, chez Cazin, rue des Maçons, nº 31. — M.DCC.LXXXVIII.
— Un volume, la même gravure que ci-dessus

LXIV

Chef-d'œuvres dramatiques de P. et T. Corneille, avec le jugement des savans à la suite de chaque pièce.

A Londres. — M.DCC.LXXXIII.

— Cinq volumes, deux gravures signées, la 1ʳᵉ : *Peint par C. le Brun, gravé p. Delvaux*, portrait de « P. CORNEILLE, *né à Rouen en 1606, mort à Paris en 1684.* » Au tome premier, 352 pages ; tome second, 270 pages ; et la 2ᵉ : *Peint par P. Mignard, gravé p. Delvaux*, portrait de « THOMAS CORNEILLE, *de l'Académie française, né à Rouen en 1625, mort à Andely en 1709.*» Au tome troisième, 256 pages ; tome quatrième, 267 pages ; tome cinquième. 276 pages.

LXIV bis.

(Réimpression de la Petite Bibliothèque des Théâtres.)

Chef-d'œuvres de P. et T. Corneille.

A Londres. — M.DCC.LXXXVI.

— Cinq volumes, deux gravures ; la première est signée : *Meyer le jeune*, portrait de « PIERRE CORNEILLE, *né à Rouen le 6 juin 1606, mort à Paris le 1ᵉʳ octobre 1684.* » Au tome premier, xxv et 276 pages ; tome second. 379 pages ; tome troisième, 281 pages ; la deuxième est signée *P. Mignard pinx. C. Dup. sculp*, portrait de « THOMAS CORNEILLE. *né à Rouen le 20 aoust 1625, mort à Andely le 8 décembre 1709.* » Au tome quatrième, vi et 162 pages pour Ariane et pour le Comte d'Essex suivies des pages 323 à 452 pour le Baron d'Albikrac ; tome cinquième (aux titres tome premier), 322 pages.

LXV

Traduction nouvelle de l'Art d'aimer d'Ovide.

a. A Londres. — M.DCC.LXXXIII.

b. A Paris, de l'imprimerie de Valade ; et se

trouve à Reims chez Cazin, libraire.- M.DCC.LXXXIII
— Un volume, une gravure signée : *Pitz inv.
C. Duponchel sculp.* Figure front. : « ARS
Amandi. » Au verso du faux titre, en regard des
titres *b* tirés pour Cazin, dépositaire à Reims,
annonce de la *Petite bibliothèque des Théâtres.*

LXVI

L'Esprit de Montaigne ou les Maximes, pensées, jugemens et réflexions de cet auteur, ré-
digés par ordre de matières.
Londres. — M.DCC.LXXXIII.
— Deux volumes, une gravure non signée, portrait de « MICHEL, SEIGNEUR DE MONTAGNE, » au
tome premier.

LXVII

Chansons choisies, avec les airs notés.
a. A Londres. — M.DCC.LXXXIII.
— Quatre volumes : tome premier, XII et
207 pages, et sur un feuillet cartonné : « AVIS.
« Comme le graveur, chargé de graver la mu-
« sique du chansonnier, n'a pu la rendre à tems,
« nous remettons la vente de ce Vᵉ volume à la
« fin de janvier prochain. On le vendra 3 livres
« aux personnes qui auront fait l'acquisition des
« quatre volumes. » tome second, 220 pages ;
tome troisième, 244 pages, catalogue d'octobre
1783, série 4°, n° 2 ; tome quatrième, 227 pages.

LXVII *bis.* (Musique en cahier.)

Airs notés des quatre volumes des chansons
choisies.
b. A Londres. — M.DCC.LXXXIV.
— Un volume oblong : *Gravé par Le Roy L.* ;
titre et 60 pages de musique gravée et divisée en
trois parties de chacune XVI pages pour chacun
des tomes I, II et III, et une partie de XII pages
pour le tome IV.

LXVII *ter.* (Complément. — 3⁰ période.)

c. A Londres. — M.DCC.LXXXV.

— Deux volumes, tome premier, 248 pages, au verso du faux titre : « *N. B.* Ces deux vo-« lumes peuvent servir de suite aux quatre vo-« lumes des Chansons choisies qui ont paru en « 1783 ; » tome second, 251 pages, renfermant, à partir de la page 213, une « TABLE GÉNÉRALE DES CHANSONS contenues dans les six volumes. »

LXVIII

Le Pot-pourri, ou Préservatif de la mélancolie, contenant la Henriade travestie, la Pipe cassée et autres poésies diverses.

A Londres. — M.DCC.LXXXIII.

— Un volume, 191 pages.

LXIX

Lettres persanes, par M. de Montesquieu. Nouvelle édition, augmentée de douze Lettres qui ne se trouvent point dans les précédentes ; et suivie du Temple de Gnide.

A Londres. — M.DCC.LXXXIV.

— Deux volumes, une gravure signée : *C. Duponchel sculp.*, portrait de « CHARLES SECONDAT, *Baron de Montesquieu, né à la Bredé, le 18 janvier 1689, mort à Paris le 10 février 1755.* » Au tome premier, 316 pages ; tome second, 287 pages et catalogue d'octobre 1783, série 4⁰, n⁰ 2 *bis.*

LXX

Geneviève de Cornouailles et le damoisel sans nom, roman de chevalerie, par M. de Mayer.

a. 1783.

b. Nouvelle édition. A Londres, — 1784.

— Un volume, une gravure signée : *C. Duponchel sculp.*, figure front. et deux pages de musique gravée non signée : « ROMANCE, *La Berceuse.* » Avis et catalogue de janvier 1784, série 4°, n° 3. « Avis. Le sieur Cazin, libraire de Rheims, qui fait imprimer la jolie collection des petits formats, prévient le public qu'il donnera par la suite un choix de tous les bons romans. Il a déjà donné la Vie de Marianne, 4 vol., fig., Gil-Blas, 4 vol., fig., Gusman. 2 vol., fig. Dans les six premiers mois de cette année, il donnera les Lettres de Clarisse Harlowe, celles du chevalier Grandison, avec de très-jolies gravures, d'après la traduction de l'abbé Prévost, sans en rien retrancher. »

LXXI

Les Caractères de Théophraste, avec les caractèrs ou les mœurs de ce siècle, par M. de La Bruyère. Nouvelle édition.

A Londres. — M.DCC.LXXXIV.

— Trois volumes, une gravure signée : *Gravé par Delvaux*, portrait de « Jean de la Bruyère, *de l'Académie françoise, en 1693, mort en 1696, âgé de 52 ans*, » au tome premier.

LXXII

Voyage sentimental en France. Nouvelle édition.

A Londres. — M.DCC.LXXXIV.

— Un volume, 292 pages en deux parties, deux gravures signées : *C. Duponchel sc. p.* ; catalogue d'avril 1781, série 4°, n° 4.

LXXII *bis.*

(Réimpression en deux volumes. — 4° période.)

Voyage sentimental en France, par M. Sterne, sous le nom d'Yorick. Traduit de l'anglois par M. Frénais.

A Londres. — M.DCC.LXXXIX.

— Deux volumes, les deux gravures de l'édition de 1784 ci-dessus, en frontispice une à chaque volume, première partie, 248 pages ; seconde partie, 252 pages ; à partir de la page

244, catalogue intégrant de 1789, série complémentaire, n° 2.

LXXIII

Œuvres de Fontenelle. (Faux titre des 2 vol.).

1. Entretiens sur la pluralité des mondes.....

2. Dialogues d.s morts anciens et modernes, par M. de Fontenelle, des Académies françoise, des sciences. des belles-lettres. de Londres, de Nancy, de Berlin et de Rome. Nouvelle édition. (Au t. Ier: Augmentée des Dialogues des morts.)

A Londres. — M.DCC.LXXXIV.

— Deux volumes, deux gravures, la 1re signée: *Peint par H. Rigaud. Gravé p. Delvaux*, portrait de « B. DE BOVIER DE FONTENELLE, *de l'Académie française, en 1691, de celle des sciences en 1699, de celle des inscriptions et de plusieurs autres, né à Rouen, en 1657, mort à Paris en 1757.* » Et la seconde, où petite carte du système solaire, non signée, au tome premier; feuillet-carton · « AVIS. L'éditeur « des Entretiens sur la pluralité des mondes et « des Dialogues des morts anciens et modernes, « ne voulant rien laisser à désirer aux amateurs, « se propose de donner par suite, ce qu'il croira « le plus capable de piquer leur curiosité. Ses « vues seront remplies, si le choix qu'il fera des « œuvres de Fontenelle est aussi bien accueilli « qu'il le désire. » Et catalogue d'avril 1784, série 4e, n° 4, au tome second.

LXXIV

Œuvres de Molière. Nouvelle édition.

A Londres. — M.DCC.LXXXIV.

— Sept volumes, une gravure signée : *Peint par Mignard. Gravé par R. Delvaux*, portrait de « MOLIÈRE, *né à Paris, en 1620, mort en 1673,* » au tome premier; et à la fin du tome septième, catalogue de juillet 1784, série 4e, n° 5.

LXXV

Romans de M. de Mayer. (Faux titre du vol.)
Laure et Félino. — Leçons d'amour, ou les Dix tableaux. — Cabestaing — Nouvelle édition.

A Londres. — M.DCC.LXXXIV.

— Un volume, catalogue de juillet 1784, série 4e, n° 6.

LXXVI

Olinde, par l'auteur des Mémoires du vicomte de Barjac.

A Londres. — M.DCC.LXXXIV.

— Un volume, la tomaison double est de 145 pages au tome premier, et de 100 pages au tome second.

LXXVII

Maximes et réflexions morales du duc de La Rochefoucauld.

A Londres. — M.DCC.LXXXIV.

— Un volume, xx et 153 pages, une gravure signée : *C. Duponchel sculp.*, portrait de « Fou DE LA ROCHEFOUCAULD, *prince de Marcillac, né en 1603, mort à Paris âgé de 68 ans.* »

LXXVIII

Considérations sur les mœurs de ce siècle, par M. Duclos, historiographe de France, l'un des quarante de l'Académie françoise, et de celle des belles-lettres ; de l'Académie de Berlin, et de la Société royale de Londres.

A Londres. — M.DCC.LXXXIV.

— Un volume, VII et 294 pages, une gravure signée : *Dessiné par C. N. Cochin en 1763. Gravé par Delvaux*, portrait de « CHlr DUCLOS, *historiographe de France, de l'Académie française et de celle des belles-lettres,* » catalogue d'octobre 1784, série 4e, n° 7.

LXXIX

ΙΠΠΟΚΡΑΤΟΥΣ ΑΦΟΡΙΣΜΟΙ, ΚΑΙ ΠΡΟΓΝΩΣΤΙΚΟΝ.

1. Hippocratis aphorismi et prænotionum liber. Recensuit notasque addidit Eduardus-Franciscus-Maria Bosquillon, Eques, Saluberrimæ Facultatis Parisiensis Doctor Regens, in Regio Franciæ collegio Lector et græcarum Litterarum Professor Regius, Librorum censor Regius, antiquus Latino-Idiomate chirurgiæ. et rei Herbariæ professor, Societatis Medicæ Edinburgensis Socius.

2. Notæ et emendationes, in Hippocratis aphorismos et prænotionum librum, Eduardi - Francisci - Mariæ Bosquillon, Equitis, etc. Quibus præfixa est Versio antiqua Aphorismorum, a vulgatis multum discrepans, cum commentariis ex Oribasio excerptis, et additus Index compendii instar in Aphorismos et Prænotiones.

Parisiis, excudebat J. Fr. Valade.-M.DCC.LXXXIV.
.— Deux volumes. tome premier, 255 pages ; tome second, 270 pages et une d'errata.

LXXX

La Vie et les Opinions de Tristram Shandy, traduites de l'anglois de Sterne, par M. Frénais. (Epigr. deux lignes en grec.)

a. A Londres. — M.DCC.LXXXIV.
— Deux volumes, quatre gravures non signées, sauf le portrait de « *Laurence Sterne, A. M. Prebendary of York*, etc., etc., » signé : *G. v. p. Chapuy*. Au tome premier, 310 pages et une deuxième gravure ; les deux autres, au tome second, 377 pages et catalogue d'octobre 1784, série 4e, n° 7.

b. A Londres. — M.DCC.LXXXV.
— Deux derniers volumes, deux gravures signées : *G. v. p. Chapuy*, une au tome troisième, IV et 379 pages et une au tome quatrième. 388 p. et catalogue de juillet 1785, série 5e, n° 3.

TROISIÈME PÉRIODE.

(1784-1787.)

A l'apogée d'un succès sans précédent, la grande période des petits formats de Paris s'arrête en 1784, à la mort de Valade. Elle amène une période de transition pendant laquelle la veuve et les fils s'accordent pour laisser à Cazin seul la direction d'abord, et bientôt la propriété de la collection dont Valade avait été l'âme, atteinte par son décès, sans doute ébranlée et que le marchand libraire rémois essaie aussitôt de consolider par sa première collection ne renfermant aucune gravure, éditée à Reims sous le titre de *Petite bibliothèque de campagne*, ou collection de romans, dans le format in-18, composée de 24 volumes; et par les œuvres de Miss Burney, 10 volumes in-18 également sans gravures.

Ces 34 volumes étrangers qu'il venait de publier récemment (tous portent la date de 1784), introduits à la fin de la nomenclature dans le catalogue, Cazin continue ensuite avec les héritiers successeurs qui réimpriment aussi quelques-uns des volumes épuisés de la première période, l'édition de plusieurs ouvrages que Valade allait joindre à sa grande collection parisienne, outre ceux annoncés sous presse. Quelque temps après, le libraire rémois s'établit tout à fait à Paris, — sur la fin de 1785, — et commence une collection nouvelle, imprimée à Orléans, par C.-A.-I. Jacob, sur papier fin d'Angoulême, ornée ou d'un portrait ou d'un titre gravé pour chaque ouvrage, des POËTES ITALIENS, *si vende alla continuazione della Raccolta di* CAZIN; dans laquelle il publie 18 volumes sur 40 qu'ainsi qu'une collection des Poëtes de la Grande-Bretagne, une du Théâtre anglais et une superbe édition nouvelle des œuvres de Shakespeare, il annonçait aux dix dernières pages, 209 à 219, du tome II des Pensées de Pascal, et sur deux feuillets ajoutés à la fin des volumes qui renferment les deux derniers catalogues, n°s 4 et 5 de la cinquième série, à la suite de ceux-ci.

Malgré ses efforts pendant toute cette période de transition, Cazin ne put maintenir au point où elle était parvenue une collection abandonnée peu à peu, non-seulement par ses imprimeurs la veuve et les fils Valade et pour quelques ouvrages Ph.-D. Pierres ; mais encore par les graveurs Delvaux et Duponchel, les dessinateurs Chevaux, Moreau, Marillier, remplacés par Chapuy, C.-J.-B. Chatelain, B. Picart, L. Pignon, Le Barbier, etc.

Ces nombreux artistes, — parmi lesquels les premiers se devaient compter probablement comme des associés ou fondateurs, — se sont presque tous retirés pendant la troisième période qui voit finir de même le catalogue régulier, dont la publication trimestrielle, établie par Valade depuis cinq années et continuée, après sa mort, jusqu'au moment où cette collection devint la propriété de Cazin, ne cesse qu'à la fin de 1785, au catalogue nº 5, dans sa *cinquième série*.

« 1785.

« COLLECTION des petits formats, contenant 230 volumes en beau papier, belle impression, belles gravures, et en tout supérieure à celle de Lyon. Tous ces ouvrages se vendent séparément. On donnera tous les ans 30 à 40 volumes nouveaux. Cette collection deviendra précieuse, tant pour le choix des ouvrages que pour la beauté des éditions. »

Vol. des deux premières périodes..	180
Vol. de la BIBLIOTHÈQUE DE CAMPAGNE	24
Vol. des ŒUVRES DE MISS BURNEY..	10
81. Théâtre de Regnard...........	4
82. Clarisse Harlowe	11
83. Robinson Crusoé..............	4
84. *Poëme de la Religion*, etc. (C. n° 1)	2
85. Œuvres de Fontenelle.........	4
86. Histoire des Oracles et poésies..	1
87. *Œuvres de Crébillon* (C. n° 2)..	3
88. * Jérusalem délivrée, texte et tr.	5
89. * Poésies de M. Bérenger......	2
Suite aux Chansons choisies:...	2
90. Œuvres de V. Jamerai Duval...	3
91. Roman comique de Scarron....	3
92. * Esprit de Raynal...........	2
93. Pensées de Pascal............	2
94. Théâtre de Piis et Barré......	2
95. La mort d'Abel..............	1
Suite du Tristram Shandy (C. n° 3).............	2
96. * Nouveau Voyage sentimental.	1
97. * L'Aminte du Tasse..........	1
98. * Œuvres galantes d'Ovide.....	2
99. *Poésies de Vernes fils* (C. n° 5)	1
Total........	272

C'est avant de finir cette troisième période, en 1786, que Cazin commence à admettre dans *sa collection*, dont il supprime les catalogues trimestriels, quelques ouvrages en petit format plus ou moins similaire appartenant à divers éditeurs. Sans égards pour son unité jusquelà si complète et si remarquable dans les deux premières périodes et dans la plus grande partie de la troisième, qui se continue encore avec les dernières rares éditions et toutes les réimpressions (dans lesquelles on comprend des volumes formés de pièces séparées de la *Petite Bibliothèque des Théâtres*, réunies par auteur, ayant leur pagination plus ou moins bien raccordée à cet effet), de l'imprimerie de Valade et de ses successeurs; il ajoute, à côté, des productions in-12 étrangères à leurs presses, et laisse échapper celles qu'ils destinaient à la collection.

Ne devrait-on pas y trouver leur édition, non moins soignée et suivie que les précédentes, du *Choix de petits romans de différens genres par M. L. M. D. P.*, que tous les catalogues de la cinquième série annoncèrent sous presse en 1785?

Vol. parus ci-dessus.....	272
100. * Joseph, par Bitaubé........	2
101. Choix de poésies érotiques....	2
102. * Histoire de Grandison......	7
103. * Amour de Henry IV pour les lettres.....................	1
104. Le Voyageur sentimental.....	1
105. Pensées de J.-J. Rousseau....	2
106. * Passions du jeune Werther..	1
107. * Les Orangers, les vers à soie	1
108. Choix de pièces du th. de Vadé	2
109. Choix de pièces de La Noue...	1
110. Choix de pièces de Brueys et Palaprat.....................	1

RÉIMPRESSIONS.

Euvres du C. de Bernis.....	2
Bélisaire, par Marmontel.....	1
Lettres d'Héloïse et d'Abeilard......	2
Œuvres de Gessner (C. n° 3, t. III)..	3
Œuvres de Gresset...............	1
Œuvres de Bernard (C. n° 4)......	1
Confessions de J.-J. Rousseau,.....	3
Œuvres de J. Racine.......	3
Chefs-d'œuvre de P. et T. Corneille.	5
COLLECTION DES POÈTES ITALIENS....	18
Total..........	332

Bibliographie de la troisième période.

PETITE BIBLIOTHÈQUE DE CAMPAGNE, ou COL-
LECTION DE ROMANS. (Faux titre de la première
collection publiée par Cazin; quelques titres de
plusieurs de ses volumes portent aussi le nom
de J. F. Bastien, libraire à Paris.)

A Reims, chez Cazin, libraire. — M.DCC.LXXXIV.

— Vingt-quatre volumes, dont vingt-trois pour
les Œuvres complètes de Fielding, comprenant
les sept ouvrages suivants :

Amélie, Histoire angloise. Cinq vol.

Tom Jones ou l'Enfant trouvé. Cinq vol.

Aventures de Joseph Andrews et de son ami
Abraham Adams. Trois vol.

David simple ou le Véritable ami. Trois vol.

Jonathan Wild le Grand. Deux vol.

Aventures de Roderick Random. Quatre vol.

Julien l'Apostat ou Voyage dans l'autre
monde. Un vol.

Passions du jeune Werther.

A Reims, chez Cazin, libraire. — M.DCC.LXXX·V.

Un volume, xxv et 232 pages. Sa réimpression, n° CVI ci-après, dans la collection parisienne, ornée d'une gravure de Chapuy, porte
encore en faux titre : Petite Bibliothèque de
Campagne, etc.; elle provient des presses
suisses ainsi que les dix volumes suivants des
ŒUVRES DE MISS BURNEY:

Cécilia, ou Mémoires d'une héritière. Sept vol.

Evelina, ou l'Entrée d'une jeune personne dans
le monde. Trois vol.

A Genève, chez les Libraires associés. —
M.DCC.LXXXIV.

(Quelques exemplaires ont un titre-carton avec
la rubrique :)

A Genève, chez Paul Barde, imprimeur-
libraire. — M.DCC.LXXXIV.

LXXXI

Théâtre de Regnard; nouvelle édition, exactement corrigée et conforme à la représentation.

A Londres. — M.DCC.LXXXIV.

— Quatre volumes, une gravure signée: *G. L. Biosse, f. 1784*, portrait de « J. F. REGNARD, *poëte comique, né en 1647, mort en 1709*, » au tome premier.

LXXXII

Lettres angloises, ou Histoire de Miss Clarisse Harlowe, augmentée de l'Eloge de Richardson, des Lettres posthumes et du Testament de Clarisse. Avec figures.

A Londres. — M.DCC.LXXXIV.

— Onze volumes, 24 gravures signées, la première: *C. Duponchel*, portr. de « N. RICHARDSON » au tome premier et plusieurs des 23 figures suivantes: *Marillier, g. v. p. Chapuy*. Les quatre premiers tomes ont trois de ces figures chacun, ensemble treize gravures, le portrait compris; le tome cinquième a les six suivantes; les tomes septième, huitième et neuvième, une chacun et les deux dernières sont au tome onzième.

LXXXIII

La vie et les aventures surprenantes de Robinson Crusoé, contenant, entre autres événemens, le séjour qu'il a fait pendant vingt-hui ans, dans une île déserte, située sur la côte d l'Amérique, près l'embouchure de la grand rivière Oroonoque.

A Londres. — M.DCC.LXXXIV.

— Quatre volumes, quatorze figures signées: *B. Picart del. C. J., B. Chatelain sculp.*, plus une carte mappemonde gravée, non signée, au tome premier, renfermant quatre des gravures, la date 1785 se trouve au bas de celle du frontispice; trois au tome second; trois au tome troisième, et quatre au tome quatrième.

LXXXIV
(Œuvres de L. Racine. Deux vol.)
  1° La Religion, poëme ⎫ par Monsieur Racine
  2° La Grâce, poëme   ⎭
de l'Académie royale des Inscriptions et Belles-Lettres. Nouvelle édition.
  A Londres. — M.DCC.LXXXV.
  — Deux volumes, une gravure signée : *peint par Aved, gravé par R. Delvaux,* portrait de « Louis Racine, *né à Paris en 1692, mort en 1763, de l'Académie des Inscriptions et Belles-Lettres,* » au tome premier, catalogue de janvier 1785, série 5°, n° 1.

LXXXV
Œuvres de Monsieur de Fontenelle, des académies Françoise, des Sciences et des Belles-Lettres, et de la Société royale de Londres.
  A Londres. — M.DCC.LXXXV.
  — Quatre volumes.

LXXXVI
Histoire des Oracles, par M. de Fontenelle, des académies Françoise, des Sciences et des Belles-Lettres, et de la Société royale de Londres, de Nancy, de Berlin et de Rome. Nouvelle édition augmentée d'un choix de Poésies du même auteur.
  A Londres. — M.DCC.LXXXV.
  — Un volume, 212 et 142 pages.

LXXXVII
Œuvres de Crébillon; nouvelle édition, corrigée, revue et augmentée de la vie de l'auteur.
  A Londres. — M.DCC.LXXXV.
  — Trois volumes, une gravure signée : *Buste par le Moine Sculpt' du Roi. Gravé par Delvaux,*

portrait de « CRÉBILLON, *poëte tragique, de l'Académie française en 1731, né à Dijon en 1674, mort à Paris en 1762,* » au tome premier et tome troisième, catalogue d'avril 1785, série 5ᵉ, nº 2.

LXXXVIII

A. Jérusalem délivrée, nouvelle traduction, dédiée à Monseigneur le comte de Vergennes, Ministre et Secrétaire d'Etat, ayant le département des affaires étrangères, et c. ef du conseil Royal es Finances. — Tome premier.

B. Jérusalem délivrée, poëme du Tasse. Nouvelle traduction. — Tomes second, troisième, etc.

a. A Paris, rue des Poitevins (au t. I).

b. A Paris, chez l'auteur, hôtel de Thou, rue des Poitevins (aux t. II et III).

c. A Paris, Hôtel de Thou, rue des Poitevins (aux t. IV et V). — M.DCC.LXXXV. — Avec approbation et privilége du roi.

— Cinq volumes, texte et traduction en regard, une gravure signée : *Gravé d'après le tableau original de A. Callet, de l'Acad. R^le de Peinture, par C. E. Gaucher, des académ. de Londres, Rouen, etc. 1784,* portrait « LE COMTE DE VERGENNES. »

LXXXIX

Poésies de M. Bérenger.

A Londres. — M.DCC.LXXXV.

— Deux volumes, deux gravures signées : *C. J. B. Chatelain del. et sculp.,* frontispice au tome premier et *L. Pignon del. C. J. B. Chatelain sculp.,* fig. au tome second.

XC

Œuvres de Valentin Jamerai Duval, précédées des Mémoires sur sa vie.

A Londres. — M.DCC.LXXXV.

— Trois volumes, une gravure signée : *Gravé par Delvaux. 1785,* portrait de « VALENTIN

Jamerai Duval. *directeur de la Bibliothèque et du Cabinet impérial des médailles à Vienne, né en 1695; mort en 1775,* » au tome premier.

XCI

Roman comique de Scarron.

A Londres. — M.DCC.LXXXV.

— Trois volume , deux gravures signées : *Gravé p. Chapuy,* portrait de « Paul Scarron, *né en 1610, mort âgé de 50 ans,* » au tome premier, 320 pages ; figure : *Chapuy sculp.,* frontispice au tome second, 284 pages ; tome troisième, 386 pages.

XCII

Esprit de Guillaume-Thomas Raynal, recueil également nécessaire à ceux qui commandent et à ceux qui obéissent. (Epigr. de dix lignes.)

A Londres. — M.DCC.LXXXII.

— Deux volumes, une gravure non signée, portrait de « Guillaume-Thomas Raynal, » au tome premier.

XCIII

Pensées de Pascal, avec les notes de M. de Voltaire.

A Londres. — M.DCC.LXXXV.

— Deux volumes, une gravure signée : *Nanteuil del. 1785, gravé par R. Delvaux,* portrait de « Blaise Pascal, *né à Clermont en Auvergne, mort à Paris en 1662, âgé de 39 ans,* » au tome premier, 240 pages ; tome second, 219 pages, les onze dernières, de la page 209 à la fin du vo.ume, annoncent : 1º l'avis aux amateurs de la littérature anglaise; 2º la liste des auteurs qui composent la collection des poëtes de la Grande-Bretagne; 3º le t. éâtre anglai ; 4º la nouve.le édition des œuvres de Shakespeare; 5º la collection des poëtes italiens, etc.

XCIV

Théâtre de M. de Piis, écuyer, secrétaire interprète de Monseigneur comte d'Artois; et de M. Barré, avocat en parlement; contenant les opéra-comiques en vaudevilles, et autres pièces qu'ils ont composées en société, pour le théâtre italien, depuis 1780 jusqu'en 1783.

A Londres — M.DCC.LXXXV.

— Deux volumes.

XCV

La Mort d'Abel, poëme en cinq chants; traduit de l'allemand de M. Gessner, par M. Huber. Nouvelle édition.

A Londres. — M.DCC.LXXXV.

— Un volume, les xx et 212 pages premières des œuvres de M. Gessner, réimprimées, tome premier; une gravure signée : *Peint par Adrⁿ V^r Werff. Benoit sculp.*, front. « *Prima mors, primi parentes, primus luctus.* »

XCV *bis.* (Réimpression. — 5º période.)

La Mort d'Abel, poëme, traduit de Gessner.

A Paris. — M.DCC.XCII.

— Un volume, 175 pages, la même gravure.

XCVI

Nouveau Voyage sentimental, par M. de Gorgy (sous le nom d'Yorik). Nouvelle édition, beaucoup augmentée.

a. A Bouillon, de la Société typographique.

b. A Londres, collection de Cazin.

} M.DCC.LXXXV.

— Un volume.

XCVII

L'Aminte du Tasse. Traduction nouvelle.

A Paris, de l'imprimerie de Ph.-D. Pierres, premier imprimeur ordinaire du Roi, etc. — M.DCC.LXXXV. — Avec approbation et privilége du Roi.

— Un volume, XXXVI et 168 pages, un titre gravé remplace le précédent très-souvent coupé, gravure signée : A. A. ET P. D. R. « L'AMINTE DU TASSE, *traduction nouvelle.* »

A Paris. — M.DCC.LXXXVI. — Edition de Cazin, rue des Maçons, nᵒ 31.

XCVII *bis.* (Réimpression. — 4ᵉ période.)

L'Aminte du Tasse. Traduction nouvelle, par M. Fournier de Tony.

A Londres. — M.DCC.LXXXIX.

— Un volume, la gravure titre ci-dessus, XXIX et 176 pages, catalogue intégrant de 1789, série complémentaire nᵒ 3, de la page 165 à la fin du volume.

XCVIII

Les œuvres galantes et amoureuses d'Ovide.

A Londres. — M.DCC.LXXXV.

— Deux volumes, une gravure signée : *C. Marillier del. 1785. R. Delvaux fecit,* portrait « OVIDE, *mort l'an 17 de J.-C., âgé de 57 ans,* » au tome premier, 213 pages et une de table ; tome second, 209 pages et trois de table.

XCIX

Poésies de M. Vernes fils, citoyen de Genève.

A Londres. — M.DCC.LXXXVI.

— Un volume, une gravure non signée, titre comme celui imprimé, au bas se trouve gravé : *Edition de Cazin, rue des Maçons, nᵒ 31 ;* catalogue de décembre 1785, série 5ᵉ, nᵒ 5.

C

Joseph, par M. Bitaubé, de l'Académic royale des sciences et belles-lettres de Berlin et de celle des inscriptions et belles-lettres de Paris. Cinquième édition.

A Paris, de l'imprimerie de Didot l'aîné. — M.DCC.LXXXVI.

— Deux volumes, neuf gravures signées : *C. P. Marillier del. D. Née sculp.*, quatre au tome premier, 194 pages; cinq au tome second, 271 pages et une d'approbation.

CI

Choix de Poésies, traduites du grec, du latin et de l'italien, contenant la Pancharis de Bonnefond, les Baisers de Jean Second, ceux de Jean Va der-Does, des morceaux de l'Anthologie et des Poëtes anciens et modernes avec des notices sur la plupart des auteurs qui composent cette collection, par M. E. T. S. D. T.

A Londres. — M.DCC.LXXXVI.

— Deux volumes, une gravure signée : *Le Barbier l'aîné inv. N. Thomas sculp.*, front. au tome premier « A PARIS. M.DCC.LXXXVI. *Edition de Cazin, rue des Maçons, n° 31.* »

CII

Nouvelles lettres angloises, ou Histoire du chevalier Grandison. Nouvelle édition, revue, corrigée et augmentée de plusieurs lettres. Avec figures.

A Londres, collection de Cazin, à Paris, rue des Maçons, n° 31. — M.DCC.LXXXVI.

— Sept volumes, huit gravures signées: *Marillier dir., gravé p. Chapuy*, dans six tomes; le dernier n'en renfermant aucune et les tomes II et V ayant chacun deux gravures.

CIII

De l'amour de Henri IV pour les lettres.
(Epigr.)
Il n'est point de lauriers qui ne couvrent sa tête.
(HENRIADE.)

a. A Paris, de l'imprimerie de Ph.-D. Pierres, imprimeur ordinaire du Roi, etc. — M.DCC.LXXXV. — Avec approbation et privilége du roi.

b. A Paris, chez Cazin, rue des Maçons, n° 31. — M.DCC.LXXXVI. — Avec approbation et privilége du Roi.

— Un volume, une gravure non signée aux exemplaires avec la première rubrique *a.* « facsimile de la lettre de Henri IV à Manaud de Batz, gouverneur de la ville d'Euse, en Armagnac. »

CIV

Le Voyageur sentimental, ou ma Promenade à Yverdun, par M. Vernes le fils. Nouvelle édition, corrigée et augmentée par l'auteur.

(Epigr.)
        Une larme du sentiment,
        Quelle plus douce récompense !

A Londres. — 1786.
Un volume, une gravure signée : *Le Barbier l'aîné del. 1786. Delvaux sculp*, au frontispice « *O Rousseau! ó Richardson! où êtes-vous!* »

CV

Pensées de J.-J. Rousseau, citoyen de Genève.
A Londres. — M.DCC.LXXXVI.
— Deux volumes, le portrait de « J.-J. ROUSSEAU, » etc. *Peint par de la Tour. 1782. Gravé par Delvaux*; gravure frontispice des Confessions au tome premier.

CVI

Passions du jeune Werther.

A Paris, chez Cazin, rue des Maçons, n° 31. — M DCC LXXXVI.

— Un volume, xxx et 225 pages, une gravure signée : *g. v. p. Chapuy*, frontispice ; au faux titre — ainsi qu'à sa publication dans la première collection de Cazin éditée à Reims en 1784, dont il forme le vingt-quatrième volume in-18, de xxv et 232 pages, — cet ouvage, réimprimé en Suisse pour la collection de Paris, porte encore : « Petite Bibliothèque de campagne, ou collection de romans. »

CVII-

Les Orangers, les Vers à soie et les Abeilles, poëmes, traduits du latin et de l'italien ; suivis de quelques Lettres sur nos provinces méridionales et de Pièces fugitives, par M. Crignon, de plusieurs académies.

A Paris, chez Lagrange, au Palais-Royal, n° 123, et Casin, rue des Maçons. — M.DCC.LXXXVI.

Avec approbation et privilége du Roi.

— Un volume, une gravure non signée, titre front. : UTILE DULCI. — ŒUVRES DE Mr CRIGNON. — *Chez la Grange et Casin.* »

CVIII-

Choix de pièces de théâtre de Vadé.

a. A Londres. — M.DCC.LXXXVI.

b. A Londres ; et se trouve à Paris, chez Cazin, rue des Maçons, n° 31. — M.DCC LXXXVI.

— Deux volumes, une gravure non signée, portrait de « JEAN-JOSEPH VADÉ, *né à Ham en janvier 1720, mort à Paris le 4 juillet 1767,* » au tome premier, LXII et 175 pages ; tome second, 260 pages.

9

CIX

Choix de pièces de théâtre de La Noue.

A Londres; et se trouve à Paris, chez Cazin, éditeur, rue des Maçons, n° 31. — M.DCC.LXXXVII.

— Un volume, une gravure signée : « *C. Monnet delineavit. Duponchel sculp.*, portrait de « JEAN-BAPTISTE SAUVÉ DE LA NOUE, *né à Meaux en 1701, mort à Paris en 1761.* »

CX

Choix de pièces de théâtre de Brueys et Palaprat.

A Londres; et se trouve à Paris, chez Cazin, éditeur, rue des Maçons, n° 31. — M.DCC.LXXXVII.

— Un volume, une gravure non signée, portrait de « DAVID AUGUSTIN BRUEYS, *né à Aix en Provence en 1640, mort à Montpellier en 1728.* »

COLLECTION DES POËTES ITALIENS

DIX-HUIT VOLUMES.

Dans cette collection nouvelle de Cazin, éditée « Con licenza e privilegio, » sur le pied d'un volume par mois, c'est-à-dire les trois premiers pour le dernier trimestre de 1785, les douze suivants pour 1786 et les trois derniers pour le premier trimestre de 1787 ; chacun des six premiers ouvrages, soit environ la moitié de ceux qui furent publiés, se trouve orné d'une gravure en regard du titre imprimé : le portrait de l'auteur gravé, en 1785, par Delvaux d'après le Titien, dans les premier, cinquième et sixième ; et dans les second, troisième et quatrième, un titre gravé non signé, avec cette rubrique au bas : IN PARIGI. M.DCC.LXXXVI. *Edizione di Cazin, nella strada dei Muratori, n° 31.*

Les titres imprimés, sous la rubrique IN PARIGI comme sous celle IN ORLÉANS, ont en général la mention : « Della raccolta di Cazin, » etc., précédée ou suivie de celle-ci : « Nella stamperia di C. A. I. Jacob, primogenito, nella strada di Burgogna, » qui se trouve aussi parfois reportée à la fin de l'ouvrage ; et la date, en chiffres romains, accompagnée de « Con licenza e privilegio. »

ÉDITÉS EN M.DCC.LXXXV.

1º La Gerusalemme liberata di Torquato Tasso. In Parigi, etc. (Portrait du Tasse.) Deux vol.
2º Aminta, favola pastorale di Torquato Tasso. In Orléans, etc. (Un titre gravé.) Un vol.

ÉDITÉS EN M.DCC.LXXXVI.

3º Il Pastor fido, tragi-comedia pastorale del cavaliere Guarini. In Orléans, etc. (Un titre gravé.) Un vol.
4º La Secchia Rapita, poema eroicomico di Alessandro Tassoni. In Orléans, etc. (Un titre gravé.) Un vol.
5º Orlando furioso, di Ludovico Ariosto. In Parigi, etc. (Portrait de l'Arioste.) Cinq vol.
6º Le Rime di Francesco Petrarca. In Parigi, etc. (Portrait de Pétrarque.) Deux v.
7º Dei delitti et delle pene. Nuova edizione corretta e accresciuta. In Parigi, etc. Un vol.
8º Filli di Sciro, favola pastorale del conte Guidobaldo de Bonarelli. Detto l'aggiunto accademico Intrepido da essa Accademia dedicata al Sereniss. Signor, don Francesco Maria Feltrio Dalla Rovere Duca VI d'Urbino. In Parigi, etc. Un vol.
9º Favole et novelle del dottore Lorenzo Pignotti. Nuova edizione, con aggiunte, e correzioni. In Parigi, etc. Un vol.

ÉDITÉS EN M.DCC.LXXXVII.

10º Paradiso, poema di Dante.
11º Purgatorio, poema di Dante.
12º Inferno, poema di Dante. In Parigi, etc. Trois vol. (*Un vol. par poème.*)

QUATRIÈME PÉRIODE
(1787-1790)

Après l'impression orléanaise de sa collection des Poëtes italiens s'arrêtant à la moitié environ des volumes qu'il avait annoncés, Cazin fait imprimer en Suisse des ouvrages que les catalogues périodiques de la dernière série annonçaient sous presse au début de la période transitoire précédente; et en même temps, l'introduction dans la collection de maints ouvrages publiés sans sa participation, depuis plusieurs années déjà, par divers éditeurs, et qu'il prend de toutes mains, s'accentue. Ainsi que l'Esprit de Montaigne d'abord, l'Esprit de Raynal, les passions de Werther, que l'on réimprime aussi en Suisse un peu plus tard; de même que les œuvres de miss Burney, placées à la suite de la nomenclature des catalogues où les premiers sont intercalés; préparent sa quatrième période que caractérisent les éditions de même provenance, en plus grand nombre, que celles des imprimeurs d'Orléans, Paris, Soissons ou Bouillon réunies. Elles dominent également tous les autres ouvrages d'origines hétérogènes, et de n'importe quel éditeur, qui, d'une manière irrégulière et transitoire pour la plupart de ces divers petits volumes, eurent leur admission, au moins momentanée, constatée à l'un des trois catalogues de la série supplémentaire; et continuèrent, en la grossissant, cette collection dans laquelle ils entrèrent pendant ses deux dernières périodes, environ par moitié, côte à côte avec ceux publiés par l'ex-libraire de Reims.

Qu'elles soient de Paul Barde à Genève, ou de Fauche-Borel à Neuchâtel, les impressions suisses indiquées ci-après par des caractères italiques dans la liste des vingt publications éditées ou introduites, de 1787 à 1790, dans la collection parisienne, y prévalent trop pour ne pas justifier, avec le nom du graveur Frussotte au bas des quelques figures signées en outre par Binet, Dunker, Kneller, etc., pour Caroline de Lichtfield, Laure, les œuvres de Pope, de Cazotte, assez rares ouvrages encore ornés d'un portrait ou d'un frontispice, à chaque volume plus fortement marqué du cachet helvétique, avec ces noms d'artistes inconnus jusqu'alors dans cette collection, la qualification méritée de *période des impressions suisses*.

Au dernier des trois catalogues sur lesquels se base, tant bien que mal, la succession suivante des ouvrages appartenant à cette avant-dernière période, *Aabba* ou *le Triomphe de l'innocence*, est annoncé sous presse en format in-18. Ce volume, non publié dans la collection des petits formats, se mentionne à peine sur la même ligne que le *Choix de petits romans de différens genres*, par M. L. M. D. P., annoncé par tous les catalogues de la cinquième série, mais qu'on n'a pas vu figurer dans la nomenclature d'aucun des complémentaires suivants, malgré certain titre qui se rencontre encore au premier volume tiré portant la rubrique : « Tome « premier. — A Paris, chez Casin, libraire, « rue des Maçons, n⁰ 32. — M.DCC.LXXXVI.» Interdite à Cazin, cette publication parut plus tard, en 1789, ornée de deux gravures non signées en frontispice, une à chaque volume, ayant l'avis suivant au verso du faux titre : « *Ce recueil est publié avec l'agrément du propriétaire de la Bibliothèque des Romans.* »

Un catalogue (feuille in-4), avec la date
1788 en tête et deux autres intégrants
aux volumes ci-après, datés de 1789, ont
l'avis suivant particulier pour cette petite
Série supplémentaire :

« *CATALOGUE*

*Des petits formats qui se trouvent à
Paris, rue des Maçons, n° 31, contenant
plus de 300 volumes, dont tous les ouvrages se vendront séparément, imprimés
en beau Papier, belle Impression, belles
Gravures, en tout supérieures à celles de
Lyon. On donnera tous les ans 15 à
18 volumes. Cette collection deviendra
précieuse, tant par le choix des ouvrages
que par la beauté des Editions. On peut
faire un très-joli choix des ouvrages qui
la composent, pour les Etrennes, soit
reliés en maroquin ou reliure ordinaire.* »

RÉIMPRESSIONS.

Ci-dessus...	398
Œuvres de Boufflers et de Villette.	1
Voyage sentimental (C. n° 2. t. II)..	2
Aminte du Tasse (C. n° 3).........	1
La Henriade.......................	1
Contes et nouvelles de La Fontaine	2
Confessions de Rousseau, IV, V et VI	3
Total....	408

Bibliographie de la quatrième période.

CXI

Laure, ou Lettres de quelqu's personnes de Suisse.

A Londres — M.DCC.LXXXVII.

— Cinq volumes, cinq gravures signées: *Dunker del. Frussotte sculp.*, une au frontispice à c.aque tome.

CXII

Œuvres de Monsieur de Montesquieu.

A Londres. — M.DCC.LXXXVII.

— Quatre volumes.

CXIII

Considérations sur les causes de la grandeur des Romains et de leur décadence.

A Londres. — M.DCC.LXXXVII.

— Un volume.

CXIV

Caroline de Lichtfield, par Madame de ***, publié par le traducteur de Werther.

A Londres. Collection de Cazin, à Paris, rue des Maçons, n° 31. — M.DCC.LXXXVII.

— Deux volumes, deux gravures signées: *Binet inv. Frussotte sculp.*, une à chaque tome au frontispice.

CXV

Mémoires de Madame la baronne de Staal, écrits par elle-même.

A Londres — M.DCC.LXXXVII.

— Trois volumes, une gravure signée: *R. Delvaux fecit*, portrait de « Mme DE STAAL. »

CXVI

Les Flèches d'Apollon, ou nouveau Recueil d'épigrammes anciennes et modernes.

(Epigr.)
C'est louer la vertu que de blâmer le vice.

(DE LORME.)

A Londres. — M.DCC.LXXXVII.
— Deux volumes.

CXVII

Autant en emporte le vent, ou Recueil de pièces un peu... un peu... on le verra bien.

(Epigr.)
« Crede mihi, mores distant a carmine nostro:
« Vita verecunda, musa jocosa mihi. »

A Gaillardopolis, et se trouve chez... chez ceux qui l'achèteront. — M.DCC.LXXXVII.
— Un volume divisé en première partie, 136 pages; seconde partie, 120 pages.

CXVIII

Les Nuits d'Young, traduites de l'anglois, par M. le Tourneur.

(Epigr.)
Sunt lacrymæ rerum et mentem mortalia tangunt.

(*Virgile.*)

Quatrième édition, corrigée et augmentée du Triomphe de la religion.
A Londres. — M.DCC.LXXXVII.
— Trois volumes, deux gravures signées: *Chapuy*, portrait de « EDWARD-YOUNG » et figure « *Young tom. 1er.* »

CXIX

Roland furieux, poëme héroïque de l'Arioste. Nouvelle traduction par MM. Panckouck et Framery.
A Paris, chez Plassan, libraire, Hôtel de Thou, rue des Poitevins. — M.DCC.LXXXVII. — Avec Approbation et Privilége du Roi.
— Dix volumes, traduction avec texte en regard.

CXX

Les Géorgiques de Virgile, en vers françois, par M. l'abbé de Lille.

De l'imprimerie de Didot l'aîné. — A Paris, chez Bleuet, libraire, pont Saint-Michel. — M.DCC.LXXXII.

— Un volume, 207 pages et 4 non chiffrées, une pour l'approbation. trois pour le privilége, une gravure non signée, portrait de « J. DE-LILLE, *l'un des quarante de l'Acad⁰ Françoise.* »

CXX *bis*. (Réimpression du même ouvrage.)

Les Géorgiques de Virgile, en vers françois; par M. l'abbé de Lille.

A Paris, chez Bleuet, libraire, pont Saint-Michel. De l'imprimerie de Monsieur. — M.DCC.LXXXIX.

— Un volume, 191 pages suivies des quatre non chiffrées du privilége et du traité de l'auteur et du libraire ; le même portrait que ci-dessus.

CXXI

Choix de Maximes, pensées morales et proverbes, tirés de divers philosophes anciens et de différents peuples.

A Londres. — M.DCC.LXXXV.
— Un volume.

CXXII

Théâtre d'un poëte de Sybaris, traduit pour la première fois du grec, avec des commentaires, des variantes, et des notes, pour servir de supplément au théâtre des Grecs.

A Sybaris, et se trouve à Paris, chez les libraires qui vendent des Nouveautés. — 1788.

— Trois volumes, trois titres gravés et signés : *Caron ap. f. 1788.* « THÉATRE DE SYBARIS. NOUVELLE ÉDITION. TOME I, II, III. »

CXXIII

Les chef-d'œuvres (sic) de Pope, contenant : les Essais sur l'Homme, sur la Vie humaine, sur la Critique, la Boucle de cheveux enlevée et le Temple de la Renommée. Traduits de l'anglois, en vers, par MM. du Resnel, Marmontel et Mme du Boccage.

A Londres, et se trouve à Paris, rue des Maçons, près la place Sorbonne, n° 3. — M.DCC.LXXXVIII.

— Un volume, une gravure signée : *Keller pinx. Frussotte sculp.*, portrait de « ALEXANDRE POPE, *né à Londres le 6 juin 1688, mort le 30 mai 1744.* »

CXXIV

Œuvres badines et morales de Mr Cazotte. Nouvell. édition corrigée et augmentée.

Londres. — 1788.

— Sept volumes, sept gravures signées : D. au tome second ; *Dunker f.* aux cinq tomes suivants, frontispice, une à chaque volume.

CXXV

Analyse raisonnée de la sagesse de Charron.

A Londres. — M.DCC.LXXXIX.

— Deux volumes.

CXXVI

ETRENNES DE POLYMNIE.

— Quatre volumes pour les années 1785-1786-1787-1788. entièrement gravés sous ce titre, ainsi continué et signé :

Recueil de chansons, romances, vaudevilles, etc. Gravés avec de la Musique nouvelle. On a ajouté les Timbres des airs connus sur lesquels la plupart des Morceaux peuvent aussi être chantés.

A PARIS. *Au Bureau de la petite bibliothèque des Théâtres, rue des Moulins, Butte*

St-Roch, n° 11. Chez Belin, rue St-Jacques. près St.-Yves. Brunet, libraire, rue de Marivaux, près le Théâtre Italien. Et tous les Marchands de Musique et de Nouveautés. Avec Approbation et Privilége du roi.
1785-86-87 et 88.
Gravé par Le Roy, l'aîné, Place de Cambrai.

CXXVI *bis.* (La musique seule gravée.)

Etrennes de Polymnie ; choix de chansons, romances, vaudevilles, etc., avec de la musique nouvelle, gravée à la fin du Recueil, et des timbres d'airs connus, sur lesquels la plupart des morceaux peuvent aussi être chantés.

A Paris, au bureau. etc. (Comme ci-dessus.)

CXXVI *ter.* (La musique sans être gravée.)

Etrennes de Polymnie ; choix de chansons. romances, vaudevilles, etc. Avec de la musique nouvelle et des timbres d'airs connus, sur lesquels la plupart des morceaux peuvent aussi être chantés.

. A Paris, chez, etc. — M.DCC.LXXXIX.

— Cinquième volume, la musique non gravée.

CXXVII

Mémoires de Mme la Duchesse de Morsheim, ou suite des Mémoires du vicomte de Barjac.

A Dublin, de l'imprimerie de Wilson. — M.DCC.LXXXVI.

— Un volume, première partie, 137 pages ; seconde partie, 129 pages.

CXXVIII

Le vicomte de Barjac, ou Mémoires pour servir à l'histoire de ce siècle.

A Dublin, de l'imprimerie de Wilson : et se trouve à Paris, chez les libraires qui vendent des nouveautés. — M.DCC.LXXXIV.

— Un volume formé des tome premier, 166 pages, et tome second, 163 pages.

CXXIX

Le Ministre de Wakefield. Histoire supposée écrite par lui-même. Nouvelle édition.

(Epigr.) Sperate, miseri, cavete, felices.

A Liége, chez J. J. Tutot, imprimeur-libraire, près Saint-Hubert. — M.DCC.LXXXI.

— Deux volumes, tome premier x et 222 pages; tome second, VI et 204 pages.

CXXX

Les Sottises et les Folies parisiennes; aventures diverses, etc. (Avec quelques pièces curieuses et fort rares. Le tout fidèlement recueilli par M. Nougaret.)

a. A Paris, chez la veuve Duchesne, libraire, rue Saint-Jacques, au temple du Goût. — M.DCC.LXXXI.

— Un volume, première et seconde partie; ou deux volumes, chacune des deux parties séparée.

CINQUIÈME PÉRIODE.

(1790-1793.)

Après avoir été la principale ressource de Cazin, mis sans doute à l'index par les imprimeurs parisiens, les éditions suisses qui donnent leur nom à la quatrième période entrent, pour deux ou trois ouvrages encore, dans la cinquième et dernière, aussi caractérisée, avec d'autres impressions spéciales pour toutes les publications nouvelles et réimpressions de celles épuisées. Continuée et terminée à l'aide des presses de C. Glisau et J. Pierret, rue du Mûrier Saint-Victor, n° 8, par des caractères assez ressemblants à céux de ses trois premières périodes, la collection, déchue entre les mains de l'ex-marchand libraire rémois, affaiblie au milieu de sa période transi-toire, agonisante pendant toute la suivante, est achevée dans des conditions matérielles, sans grande analogie quant au papier teinte bleuâtre de ses commencements, mais non sans quelque rapport, quelque similitude amoindrie à l'égard de ses gravures non signées, comme dans sa période initiale; sauf deux portraits seulement, sous lesquels se trouvent : au premier, le nom de Chapuy; au second, celui de Lépine.

N'existe-t-il, échappé jusqu'ici à toutes recherches, aucun catalogue ignoré, inconnu, pour remplir ce trop long intervalle embrassant quatre années, sorte de lacune entre les deux des petits formats de 1789 et celui de la feuille in-4° de 1793, imprimée à Reims peu de temps avant la mort de Cazin? Sa nomenclature

indiquerait peut-être aux années 1790,
1791, 1792, mêlés parmi les dix de cette
période finale, d'autres ouvrages qui se
rencontrent très-souvent à la reliure des
petits formats de Paris, sans que l'un ou
l'autre des catalogues cités mentionne
leur admission provisoire ou leur passage
dans la collection (1).

Plusieurs volumes de la petite collec-

(1) Tous les ouvrages passagers, la plupart
étrangers, pris par Cazin de divers côtés pour
augmenter sa collection, lorsque les imprimeurs de Paris lui refusèrent leurs presses,
figurent transitoirement dans quelque catalogue
de la série supplémentaire et disparaissent en
général au catalogue immédiat suivant. Ce sont :

(*Catalogues de 1788 et 1789.*)

De l'Amour de Henri IV pour les lettres.
Les Orangers et les vers à soie.
Les Géorgiques de Virgile.
Théâtre d'un poëte de Sybaris.
Roland le furieux.
Mémoires de Morsheim ou suite de ceux du
vicomte de Barjac.
Le Ministre de Wakefield.
Sottises et Folies parisiennes.

(*Catalogue de 1793.*)

Poésies d'Aguillard. (Quoique annoncé sous
presse au catalogue de 1789, cet ouvrage n'a pas
été édité dans la collection de Cazin.)
Les plaisirs de l'amour, recueil de contes et
poèmes galants.
Frédéric le Grand.

tion de J.-J. Tutot, imprimeur-libraire à Liége, outre ceux de ses éditions des *Bijoux indiscrets*, du *Ministre de Wakefield*, des *Sottises et folies parisiennes*, s'y joindraient encore à la suite de ces derniers ouvrages tardivement ajoutés, tout aussi bien que l'un des trois d'origine suisse indiqués par l'*italique*, entré, quelque étrange ou insolite que cela paraisse, à douze années de date de sa publication où Cazin n'était pour rien dans son dernier catalogue.

C'est avec regret que l'on constate encore comme manquant dans la collection, après les *Petits romans de différents genres de M. L. M. D. P.* annoncés aux catalogues de la cinquième série, et *Aabba ou le triomphe de l'innocence* indiqué à l'un de 1789 de la série supplémentaire; les *Œuvres de Michel Cervantes*, qui figurent parmi les ARTICLES SOUS PRESSE au dernier catalogue complémentaire :

« 1793. — CATALOGUE

« des petits formats de Cazin, libraire, rue des Maçons-Sorbonne, n° 31, à Paris.

« Cette jolie collection contient plus de

350 volumes en beau papier, belle impression, belles gravures; tous les ouvrages se vendent séparément. On donnera tous les ans 15 à 18 volumes. Cette collection deviendra précieuse, tant par le choix des ouvrages que par la beauté des éditions. »

Bibliographie de la dernière période.

CXXXI

Vers par le comte d'Aguilar, capitaine au régiment Royal-Pologne, cavalerie.

(Epigr.) *Hos ego versiculos feci.*

VIRG.

A Amsterdam. et se trouve à Paris, chez Debray, au Palais-Royal, n° 235. — M.DCC.LXXXVIII.

— Un volume avec gravure signée : *Richomme scripsit* des quatre pages de musique à la fin.

CXXXII

Hymne au soleil, suivi de plusieurs morceaux du même genre ; par M. l'abbé de Reyrac, censeur royal, correspondant de l'Académie royale des Inscriptions et Belles-Lettres de Paris, etc. Nouvelle édition.

Londres. — M.DCC.XC.

— Un volume, XXXIV et 143 pages suivies d'une de table, une gravure non signée, portrait de « PH. DE LAURENS DE REYRAC. »

CXXXIII

Les Aventures de Télémaque, fils d'Ulysse, par messire François de Salignac de la Mothe Fénelon, précepteur de Mgrs les Enfans de France, et depuis Archevêque de Cambray, etc. Nouvelle édition. Augmentée et corrigée sur le manuscrit original de l'auteur. Avec des remarques pour l'intelligence de ce poëme allégorique.

A Londres. — M.D.CC.XC. — M.D.CC.XCI.

— Trois volumes, une gravure signée : *Chapuy p. sc.*, portrait de Fénelon au tome premier ; li plus une d'Avis TOUCHANT LES REMARQUES, et 243 pages ; tome second, 299 pages : tome troisième, 304 pages.

CXXXIV

Vie de Voltaire, par M. le marquis de Condorcet ; suivie des mémoires de Voltaire, écrits par
lui-même.

A Londres. — M.DCC.XCI.

— Deux volumes.

CXXXV

Vie du chevalier de Faublas. Par M. Louvet de
Couvray. Nouvelle édition, corrigée et augmentée.

A Londres. — 1791.

— Sept volumes.

CXXXVI

Le petit-neveu de Vadé.

(Epigr.) Et vive la joie! qui sait si le monde
durera encore trois semaines !

Barbier de Séville. *acte 3, scène 5.*

Aux Porcherons. — 1791.

— Un volume, avec huit pages de musique en
gravure à la fin, signée : *Gravé par Melle Potel.*

CXXXVII

Entretiens de Phocion, sur le rapport de la morale avec la politique ; traduits du grec de Nicoclès ;
avec des remarques, par M. l'abbé de Mably.

(Epigr.) *Quid leges sine moribus*
Vanæ proficiunt ?

Hor., od. 19, l. 3.

A Paris, chez Cazin, libraire, rue des Maçons,
n° 31. — M.DCC.XCII.

— Un volume.

CXXXVIII

Œuvres de Colardeau, de l'Académie françoise.

(Epigr.) Hunc quoque summa dies nigro sum-
[mersit Averno :
Effugiunt avidos carmina sola rogos.

Ovid, *De morte Tibulli.*

A Paris, chez Cazin, libraire, cul-de-sac du Coq Saint-Honoré, n° 3. — M.DCC.XCIII.

— Trois volumes, une gravure signée : *L'Epine fecit*, portrait de « Char. Pier. Colardeau, de l'Académie françoise, *né à Janville près d'Orléans, mort à Paris le 7 avril 1776, âgé de 42 ans,* » au tome premier ; et à la fin du tome troisième :

« Avis.

« Cazin, libraire, rue Pavée, éditeur de la collection des petits formats, composant plus de trois cents volumes, vient de mettre en vente les Confessions de J.-J. Rousseau, sur le caractère de petit texte ; 8 volumes du même format que la collection des œuvres de J.-J Rousseau, qui sont les articles suivants :

Contrat social. 1 vol.
Discours sur l'inégalité des conditions. 1 vol.
Gouvernement de Pologne. 1 vol.
Pièces diverses. 4 vol.
Mélanges. 6 vol.
Dialogue. 2 vol.
Les Pensées. 2 vol.

« Il imprime actuellement l'Emile, 4 volumes, et la Nouvelle Héloïse, 7 volumes : tous ces petits formats sont reliés très-proprement, veau écaille, filet, bord et bordure, à raison de 4 liv. 10 sols le volume, et broché 3 liv. »

CXXXIX

Les Plaisirs de l'amour, ou Recueil de Contes, Histoires et Poëmes galans.

Chez Apollon, au Montparnasse — 1782.

— Trois volumes, dix-huit gravures non signées : un frontispice et dix-sept figures, une avant chaque conte ; sept au tome Ier, le frontispice compris, cinq au tome II e six au tome III.

CXL

Frédéric le Grand, contenant des anecdotes précieuses sur la vie du roi de Prusse régnant,

d'autres sur ses amis et ennemis ainsi que les
portraits de la famille de Sa Majesté, etc. Cet
ouvrage peut faire suite aux Mémoires pour
servir à la vie de Voltaire écrits par lui-même.

A Amsterdam, chez les héritiers de Michel
Rey. — M.DCC.LXXXV.

— Un volume, une gravure non signée, portrait de « FRÉDÉRIC II, *roy de Prusse.* »

—

RÉSUMÉ.

Avant d'avoir son format définitif fixé,
la collection parisienne in-18 comprend
dans ses commencements plusieurs ouvrages édités in-24, quelqués autres in-
12; et ce dernier format s'y retrouve encore, plus tard, parmi les publications
introduites par Cazin. Pour ne rien omet-
tre en terminant cette bibliographie avec
l'indication de tout ce qu'annoncèrent
les catalogues, — sauf les *in-8°*, les *in-4°*
et les *in-folio* mentionnés à la 4ᵉ page
du catalogue n° 1, 1 *bis* et 1 *ter* de la
première série, et des nᵒˢ 2, 2 *bis* et 2 *ter*
de la deuxième aux *Articles particuliers
en vente,* où l'on peut, en compulsant tous
les titres des *objets* inscrits, connaître
quels furent les libraires fondateurs de la

collection ; sauf, de même, les in-12, les in-8° et les in-4° (1) que Cazin fit annoncer à la fin de certains catalogues supplémentaires, — il faut citer la PETITE BIBLIOTHÈQUE DES THÉATRES, due entièrement aux presses de Valade, de la veuve Valade et de Valade l'aîné.

Sortie en totalité de la même officine

(1) Aux catalogues d'octobre 1784 (série 4ᵉ, n° 7), et janvier 1785 (série 5ᵉ, n° 1) : 1° Histoire des Allemands, et 2° Histoire de l'ordre Teutonique ; à ceux de la série supplémentaire (1789), les diverses éditions des ouvrages de M. de Necker sur l'administration des finances et du compte rendu au roi, la grammaire angloise, etc.

Parmi d'autres publications sans plus de rapports avec les petits formats, annoncées avec régularité jusqu'en 1783 par le journal de Champagne, ordinairement locales sous la rubrique de Reims, l'on en rencontre sous celle de Paris suivie des noms du libraire-éditeur, puis de dépositaires rémois au nombre desquels figure Cazin. En tête de toutes ces publications mentionnées dans *Cazin, sa vie et ses éditions*, à partir de la page 51, les *Recherches sur l'État ecclésiastique et monastique*. A Orléans, chez Couret de Villeneuve, imprimeur-libraire, — M.DCC.LXV, sous une rubrique ainsi modifiée plus tard pour les dépôts : A Amsterdam et se trouve à Paris, chez Dessain junior, libraire, quai des Augustins, et à Reims, chez J.-B. Jeunehomme, imprimeur du roi, et M.-H. Cazin, libraire, rue des Tapissiers. — M.DCC.LXIX. Plus loin, pêle-mêle dans la collection parisienne avec celle de Lyon, page 97 — *Meursius français ou Entretiens*

que la généralité des ouvrages des trois
premières périodes des petits formats de
Paris et portant presque toujours leur
reliure, annoncée en souscription à partir
du catalogue de juillet 1783, et successivement dans tous ceux des deux dernières
séries régulières, se composant de 14 volumes par année, elle fut publiée jusqu'en

galans; page 115 — *Félicia*; page 123 — *Thé-
rèse philosophe*; page 134 — *L'Arétin français*;
page 136 — *les Épices de Vénus*; page 149 —
Justine, etc. Mais pour donner l'aperçu véritable
des volumes prohibés, ornés de figures obscènes
spéciaux à Cazin, il faut remonter à ceux qui le
firent deux fois destituer, puis mettre ensuite à
la Bastille, enfin à tous ces ouvrages immoraux
renfermant des figures priapiques, vendus sous
le manteau, qui lui donnèrent tant de célébrité.
L'article explicite à ce sujet de *La Bastille dé-
voilée, ou Recueil de pièces authentiques pour
servir à son histoire*. A Paris, chez Desenne,
libraire, au Palais-Royal, M.DCC.LXXXIX. Quatrième livraison, pages 119 à 125, commence
ainsi: « *Hubert Cazin*, né à Rheims, libraire de
la même ville, y demeurant place Royale, au coin
de la rue des Tapissiers.

« L'affaire de Cazin tient à la police et à la
librairie; il étoit accusé et il fut convaincu de
vendre des livres prohibés et des livres contre-
faits.....

(Suivent les détails préliminaires, de corres-
pondance, etc., suivis de son arrestation, de la
saisie opérée dans ses volumes, de son interrogatoire et de ses aveux.)

« Avant sa détention, le sieur Cazin avoit été
admis à une société de librairie, dont le sieur

1789; mais, après en avoir tiré une douzaine de volumes avec la pagination raccordée pour finir la troisième période, Cazin ne mentionne plus à la fin des catalogues en petit format de la série supplémentaire la *Petite bibliothèque des théâtres*, ornée du portrait de chaque auteur, qui ne se confond dans aucun cata-

Faulconnier, ancien conseiller à la cour des aides, étoit un des principaux chefs : cette société, dans laquelle le sieur Cazin n'avoit mis que ses talens et son industrie, n'eut pas un grand succès. C'est pour se dédommager des pertes qu'elle lui occasionna, que le sieur Cazin, comme il l'avoue lui-même dans son interrogatoire, se vit forcé de faire le commerce de livres prohibés.

« Depuis sa sortie de la Bastille, il a su se gagner la bienveillance du sieur le Noir par des moyens inconnus, mais qui ne peuvent guère être à la louange et du protecteur et du protégé. Le lieutenant de police accorda au sieur Cazin tout ce qu'il lui demanda, malgré les réclamations des libraires de Paris. Cazin, libraire à Rheims, avoit été arrêté, parce qu'il s'étoit trouvé en contravention avec les réglemens de la librairie ; Cazin, libraire à Paris, circonstance ridicule mais non pas extraordinaire, obtient des permissions opposées à ces mêmes réglemens. Au préjudice des libraires ou de leurs héritiers, possesseurs du privilège de nos meilleurs ouvrages et des ouvrages mêmes, le sieur Cazin obtient du lieutenant de police le droit d'en faire faire une édition nouvelle en petit format, dont la vente a fait le plus grand tort aux éditions anciennes. »

logue avec les publications réelles de la collection parisienne, pas plus que les *Œuvres de miss Burney*, la *Petite bibliothèque de campagne* et la *Collection des poëtes italiens*.

Ces diverses publications in-18 se trouvent toujours à la suite de la nomenclature, et sont très-distinctes de la superbe collection due à Valade, au moins pour moitié, puisque la période initiale, 1777-1780, et la grande période, 1781-1784, comprennent deux cents volumes, soit 70 ouvrages édités-imprimés par lui sur les 80 que l'on y compte. Le douzième environ des 140 publications ci-dessus bibliographiées se rapporte aux ouvrages étrangers passagers dans les catalogues, avant lesquels vingt autres encore, ou plus de 70 volumes de la période transitoire, édités après la mort de Valade par sa veuve et ses fils, s'ajoutent à l'avoir de sa maison qui se totalise à 90 ouvrages formant ensemble près de trois cents volumes, sans compter toutes les réimpressions; c'est-à-dire à plus des deux tiers (sinon les trois quarts) de la collection complète des petits formats de Paris.

1793.

CATALOGUE

Des petits Formats de CAZIN, *Libraire, rue des Maçons-Sorbonne, N° 31, à Paris.*

Cette jolie Collection contient plus de 350 volumes, en beau papier, belle impression, belles gravures. Tous les Ouvrages se vendent séparément. On donnera tous les ans 15 à 18 volumes. Cette collection deviendra précieuse, tant par le choix des Ouvrages, que par la beauté des Éditions.

THÉATRES.

Prix en feuilles.

	liv.	s.
OEuvres de Molière, 7 vol.	12	5
Chef-d'œuvres de P. et Th. Corneille, 5 v.	10	
Crébillon, 3 vol.	5	5
Regnard, 4 vol.	7	
Racine, 3 vol.	5	5
Piis et Barré, 2 vol.	3	10
Piron, 3 vol.	5	5
Gresset, 2 vol.	3	10
Vadé, 2 vol.	3	10
Voltaire, 8 vol.	14	
Brueis et Palaprat, 1 vol.	1	15
La Noue, 1 vol.	1	15

POÉSIES.

	liv.	s.
Henriade de Voltaire, 1 vol.	1	10
Idem, travestie, 1 vol.	1	10
Poésies de Voltaire, 3 vol.	5	5
Pucelle, en dix-huit chants, 1 vol.	2	10
Idem, en vingt et un, avec des notes et une vignette à chaque chant, 2 vol.	8	

Œuvres galantes d'Ovide, 2 vol. 3 10
Bernard, 1 vol. 1 15
La Dunciade, Poëme en 10 chants, par
　Palissot, 1 v. 1 15
Fables de La Fontaine, 2 vol.. . . . . 3 10
Contes du même, 2 vol. 3 10
Amours de Psyché, 1 vol. 1 15
Œuvres choisies de La Fontaine, 1 vol. 1 15
Poëme de la Religion et de la Grâce,
　2 vol. 3 10
Saisons de Thompson. 1 vol. 2
Idem, de Saint-Lambert, 1 vol. . . . 1 15
Les Jardins, Poëme de l'Abbé de Lille,
　1 vol. . . . .
Recueil de Contes, 4 vol., avec une vi-
　gnette à chaque Conte 24
Œuvres choisies de Pope, 1 vo. . . . 1 15
　　　　　　du Cardinal Bernis, 2 v. 3
　　　　　　de Chaulieu, 2 vol. . 3 10
　　　　　　de Vergier, 3 vol. . . 5 5
　　　　　　de Boileau, 2 vol. . . 3
　　　　　　de Boufflers et Villette,
　　　　　　　1 vol. . . . . : . 1 15
　　　　　　de J. B. Rousseau, 2 v. 3 10
　　　　　　de Grécourt, 4 vol. . 7
　　　　　　de Reignier, 2 vol. . 3
　　　　　　de Deshoulières, 1 vol. 1 15
　　　　　　de Mero, 1 vol. . . . 1 15
Poésies de Piis et Barré, 1 vol.. . . . 1 15
　　　　de Sapho, 1 vol. 1 10
　　　　de la Farre 1 vol. , . . . 1 15
　　　　de Bérenger, 2 vol. 3 10
　　　　de Vernes fils, 1 vol. . . . 1 15
Voyages de Chapelle et Bachaumont, 2 v. 1 15
Flèches d'Apollon, 2 vol. 3 10
Lettres d'Héloïse et d'Abeilard. 2 vol. 3 10
Recueil de Chansons, avec la musique,
　7 vol. 12 5
Joseph, Poëme, par Bitaubé, 2 vol. avec
　figures. 6

Bonheur, Poëme, par Helvétius, 1 vol. . . . 1 15
Le fond du Sac, 2 vol., figures. 3 10
Richardet, Poëme, 2 vol. 3 10
Les Plaisirs de l'Amour, ou Recueil de
   Contes, Historiettes et Poëmes galans,
   3 vol., figures. 6 15
Poésies d'Aguillard, 1 vol. 1 15
Joannis Mursii Elegantiæ latini sermo-
   nis, 2 vol. 3 10
Autant en emporte le vent, 1 vol. . . . 1 15
Œuvres badines et morales de Cazotte,
   7 vol., fig. 10 10
Œuvres de Colardeau, 3 vol. 5 5
Le petit Neveu de Vadé, 1 vol. . . . 1 10
Choix de Poésies Erotiques, traduit du
   grec, 2 vol. 3 10
Amours pastorales de Daphnis et Chloé,
   1 vol. 1 10
Hymne au Soleil, 1 vol. 1 15
Amours d'Ismène et Isménias, 1 vol. . 1 15
Idem, traduit en anglois, 1 vol. . . . 1 15
L'Aminte du Tasse, traduction nouvelle,
   1 vol. 1 15
Bélisaire, 1 vol., figures. 1 15
Œuvres complettes de Mde de Graffigny,
   2 vol. 3 10
Lettres de Ninon de Lenclos, 2 vol. . 3
Œuvres de Valentin-Duval, 3 vol. . . 5 5
Mémoires du Chevalier de Grammont, 2 v. 3 10
Œuvres choisies de St-Réal, 4 vol. . . 7
Les Caractères de la Bruyère, avec la
   clef, 3 vol. 5 5
Les Nuits d'Young, 3 vol. 5 5
Les Entretiens de Phocion, par l'Abbé de
   Mably, 1 vol. 1 15
Analyse de la Sagesse de Charron, 2 vol. 3 10
Vie de Voltaire, par M. de Condorcet, 2 v. 3 10
Pensées de Paschal, avec des Commen-
   taires, par Voltaire, 2 vol. 3 10
Aventures de Télémaque, 3 vol. . . . 5 5

Œuvres de Gesner, 3 vol., figures. . . 9
Idem, sans figures, papier inférieur, 3 vol. 5 . 5
Mort d'Abel, 1 vol. 1 15
Jérusalem délivrée, traduction de M. le
    Brun, 2 vol. 3 10
Idem, en Italien, avec la traduction à côté,
    5 vol. 12
Morale de Confucius, 1 vol. 1 15
Maximes de la Rochefoucauld, 1 vol. . . 1 15
Considérations sur les mœurs du siècle,
    par Duclos, 1 v. 1 15
L'esprit de L'Abbé Raynal, 2 vol. . . 5
L'esprit de Montaigne, 2 vol. 5
L'Art d'aimer d'Ovide, traduction nou-
    velle, 1 vol. 1 15
Hypocratis aphorismi, 2 vol. 3 10
Choix de Maximes, Pensées morales et
    Proverbes, 1 v. 1 15
Frédéric-le-Grand, 1 vol. 1 15

ROMANS.

Mémoires de Madame Staal, 3 vol. . . 5 5
Lettres de Clarisse Harlowe, traduction
    de l'Abbé Prévost, sans aucun change-
    ment, 11 vol., fig. 19 5
Lettres de Grandisson, 7 vol., figures. . 12 5
Laure, ou Lettres de quelques personnes
    de la Suisse, 5 vol., figures. . . . 8 15
Vie de Marianne, par Marivaux, 4 vol.,
    figures. 7
Histoire de Gilblas, 4 vol., figures. . . 7
Gusman d'Alfarache, 2 vol. 3 10
Romans comiques de Scaron, 3 vol. . 5 5
Aventures de Robinson Crusoé, 4 vol.,
    figures. 7
Cousin de Mahomet, 2 vol. 3
Bijoux indiscrets, 2 vol. 3
Romans et Contes philosophiques de
    Voltaire, 3 vol. 5 5
Vie du Chevalier de Faublas, belle édi-
    tion, papier d'Hollande, 7 vol. . . . 14

Laure et Felino, ou les dix tableaux, 1 v.   1 15
Olinde, 1 vol. 1 15
Geneviève de Cornouaille et le Damoisel
   sans nom, 1 vol. 1 15
La Vie et les Opinions de Tristram
   Shandy, 4 vol.   7
Voyage sentimental de Sternes, nouvelle
   édition, augmentée des Lettres d'Yorick
   à Elisa, 2 vol. 3 10
Nouveau Voyage sentimental, par Gorgy,
   1 vol. 1 15
Le Voyageur sentimental, par Vernes
   fils, 1 vol. 1 15
Caroline, 2 vol., figures. . . . . : . .   3 10
Petite Bibliothèque de Campagne, com-
   posée des Œuvres de Fielding, 23 vol.
   qui se vendront dans l'ordre ci-après :
Amélie, 5 vol. 7 10
Tom-Jones, 5 vol. 7 10
Joseph Andrews, 3 vol. . . . . . : . .   4 10
David-le-Simple, 3 vol. 4 10
Aventures de Roderigue Random, 4 vol.   6
Jonathan Wild-le-Grand, 2 vol. . . .   3
Julien l'Apostat, 1 vol. 1 10
Œuvres de Miss Burney, contenant :
Evelina, 3 vol. 4 10
Cécilia, 7 vol. 10 10

ŒUVRES DE MONTESQUIEU.

Lettres Persannes, 2 vol. . . . , . .   3 10
Grandeur des Romains, 1 vol. 1 15
Esprit des Loix, 4 vol.   7

ŒUVRES DE FONTENELLE.

Pluralité des Mondes avec ses Dialogues
   des Morts, 2 vol. 3 10
Eloges des Académiciens, 4 vol. . . .   7
Histoire des Oracles, avec le choix de
   ses Poésies, 1 v. 1 15

ŒUVRES DE J. J. ROUSSEAU.

Contenant trente-huit volumes, qui renferment
les Ouvrages suivans :

Les Confessions, avec un Recueil de
Lettres, 10 vol. 17 10
Pièces diverses, 4 vol. 7
Mélanges, 6 vol. 10 10
Dialogues, 2 vol. 3 10
Considérations sur la Pologne, vol. . 1 15
Discours sur l'inégalité des conditions, 1 v. 1 15
Contrat Social, 1 vol. . . . , . . . 1 15
Pensées de J.-J. Rousseau, 2 vol. . . . 3 10
Emile, 4 vol. 8
Nouvelle Héloïse, 7 vol. 12 5

Nota. L'Emile et la Nouvelle Héloïse
sont actuellement sous presse, et paroîtront
d'ici à quelques mois.

Collection des Poëtes Italiens, contenant
les dix-huit volumes ci-après :

Orlando furioso, 5 vol. . . . . , . 8 15
La Gerusalemme liberata, 2 vol. . . 3 10
Le Rime di Francesco Petrarca. 2 vol. 3 10
Il Pastor fido, 1 vol. , ... 1 15
La Secchia rapita, 1 vol. 1 15
Filli di Sciro, 1 vol. 1 15
Aminta Favola, 1 vol. 1 15
Favole e novelle. 1 vol. 1 15
Dei Delctti e delle Pene, 1 vol. . . 1 15
Inferno, 1 vol. 1 15
Purgatorio, 1 vol. 1 15
Paradiso, 1 vol. 1 15

ARTICLES SOUS PRESSE.

Passions du jeune Werther, 1 vol.
Contes moraux de Marmontel, 3 vol.
Œuvres de Michel Servantes, 10 vol.

Nota. Ceux qui desireront avoir tous ces Ouvrages reliés en veau écaille, doré sur tranche,
paieront la reliure 20 sous par volume, et pro-
gressivement si elle augmente.

TABLE

—

www.ingramcontent.com/pod-product-compliance
Lightning Source LLC
Chambersburg PA
CBHW072042090426
42733CB00032B/2059